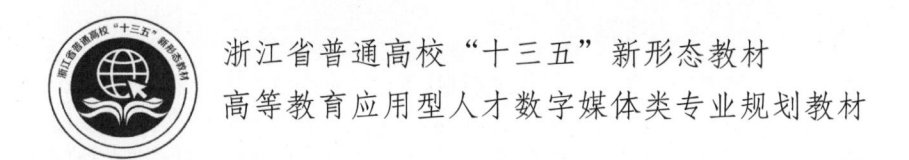

浙江省普通高校"十三五"新形态教材
高等教育应用型人才数字媒体类专业规划教材

网店美工

胡秋芬　主　编
朱金华　陈海挺　副主编

电子工业出版社
Publishing House of Electronics Industry
北京·BEIJING

内容简介

网店美工是网店运营过程中一项非常重要的工作,一个优秀的网店不仅要有好的产品,更要有运营、美工等的支持。本书从网店美工的基础概念入手,在全面学习利用Photoshop进行商品图片处理的技法基础上,介绍如何进行店铺页面的精致装修(包括页面装修定位和核心模块装修设计),然后通过整店装修的完整案例教会学习者如何在淘宝旺铺平台中注册一家自己的店铺并完成店铺的设计与装修,最后通过综合实训全面提升学习者的实践和设计创作能力与创意思维。

本书资源丰富,配备视频及多媒体素材,以二维码的形式展示于书中,方便读者学习。本书既可作为高等应用型人才数字媒体类相关专业的教材,也可作为众多网上开店创业的新手卖家装修自己店铺的参考书。

未经许可,不得以任何方式复制或抄袭本书之部分或全部内容。
版权所有,侵权必究。

图书在版编目(CIP)数据

网店美工/胡秋芬主编. —北京:电子工业出版社,2017.2
ISBN 978-7-121-30856-7

Ⅰ.①网… Ⅱ.①胡… Ⅲ.①电子商务—网站—设计 Ⅳ.①F713.361.2②TP393.092

中国版本图书馆CIP数据核字(2017)第018658号

策划编辑:贺志洪
责任编辑:贺志洪
特约编辑:杨 丽 薛 阳
印　　刷:中国电影出版社印刷厂
装　　订:三河市良远印务有限公司
出版发行:电子工业出版社
　　　　　北京市海淀区万寿路173信箱　邮编100036
开　　本:787×1092　1/16　　印张:10.75　字数:275千字
版　　次:2017年2月第1版
印　　次:2020年12月第8次印刷
定　　价:45.00元

凡所购买电子工业出版社图书有缺损问题,请向购买书店调换。若书店售缺,请与本社发行部联系,联系及邮购电话:(010)88254888,88258888。
质量投诉请发邮件至 zlts@phei.com.cn,盗版侵权举报请发邮件至 dbqq@phei.com.cn。
本书咨询联系方式:(010)88254609 或 hzh@phei.com.cn。

前 言

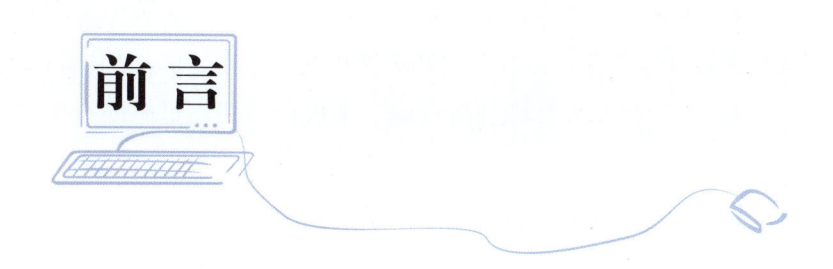

根据中国电子商务研究中心 2017 年度中国电子商务市场数据监测报告显示：2017 年，中国电子商务交易规模为 28.66 万亿元，同比增长 24.77％。其中，B2B 交易额 20.5 万亿元，同比增长 22.75％；网络零售交易额 7.17 万亿元，同比增长 39.17％；生活服务电商交易额 9986 亿元，同比增长 67.02％。我国网络购物用户规模已达到 5.33 亿人，较 2016 年增长 14.3％，占网民总体的 69.1％。随着"互联网+"行动的不断持续深入，我国电商经济规模继续壮大，电商行业发展不断快速发展，就业市场大幅增加。

在互联网快速颠覆传统的时代里，中国的传统企业正在经历前所未有的转型阵痛期，商店购物功能正慢慢消失，更多的是扮演"展示场景"功能，很多传统企业不得不迈出转战线上的重要一步。网上开店，由于其成本低、启动资金低、交易方式快捷等优点得到许多创业者的青睐，身边加入网上开店队伍中的人也越来越多。

网店美工是网店运营过程中一项非常重要的工作，一个优秀的网店不仅要有好的产品，更要有运营、美工等的支持，网店美工职业应运而生。当前市场对美工人才的需求越来越大，优秀美工的人才更是供不应求。俗话说：一张美图胜千言。网店美化与实体店面的装修一样，都是为了提升店铺形象，让店铺更吸引人，让顾客流连忘返，最终实现提高转化率。

本书编写的目的在于两个方面：一方面旨在配套高校应用型人才的培养需求，希望通过课程教学培养出更多专业化的美工人才；另一方面，通过本书的学习，可以指引众多网上开店创业的新手卖家如何从零开始装修起自己的一家店铺，助力其在开店过程中打造出一个店铺的独特形象。

全书共 12 章，主要内容包括：网店美工概述、初识 Photoshop、图像尺寸调整、抠图法宝、照片瑕疵修复、调整照片效果、打造照片特殊效果、商品的摆放艺术、Photoshop 高级应用、页面精致装修、整店装修案例、综合实训。在内容安排上，本书从网店美工的基础概念入手，在全面学习利用 Photoshop 进行商品图片处理技法的基础上，介绍如何进行店铺页面的精致装修（包括页面装修定位和核心模块装修设计），然后通过整店装修的完整案例教会学习者如何在淘宝旺铺平台中注册一家自己的店铺并完成店铺的设计与装修，最后通过综合实训全面提升学习者的实践和设计创作能力与创意思维。

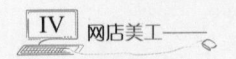

本书特色：

- 本书为浙江省首批精品在线开放课程《网店美工》配套新形态教材，相关教学资源均在浙江省高等学校在线在线开放课程共享平台（http://zjedu.moocollege.com/）免费开放。
- 本书教学内容配套微视频，手机扫一扫二维码即可学习，既适合高校实施翻转课堂等混合式教学，也适合创业培训或个人进行自主学习。
- 本书每章配套有微测试，手机扫一扫二维码即可进行自测，随时了解自我学习掌握情况。
- 本书教学内容以项目式教学方式展开，并且理论与实践高度结合。
- 本书案例与实际应用紧密结合，让学习者快速入门，即学即用，轻松掌握理论和职业技能。

本书由胡秋芬担任主编，朱金华、陈海挺担任副主编，参与编写的还有黄佳华、胡秋妹、詹凯瑜、王思璐、许陈勇、蔡苏杰。

在本书编写和精品在线开放课程视频的录制过程中，因为是初次尝试，而且条件有限，作者本人承担了教学和技术支持的双重角色，其中碰到了很多的困难，但也得到了单位领导、同事和亲人朋友的大力支持，在此一并感谢，感谢你们对我的无私帮助。教材编写过程中得到了绍兴派娇兰旗舰店的大力支持，并提供了大量图片和很多宝贵的意见。由于内容安排需要，书中引用了网上店铺和参考书中的一些人物图片，在此特别说明。由于编写时间有限，书中不免存在一些疏漏，希望读者提出宝贵的意见。

主 编

2017 年 1 月 5 日

目 录

contents

- 第1章　网店美工概述 /1

　　1.1　网店美工的重要性 /1
　　1.2　网店装修流程 /4
　　1.3　新手装修容易步入的误区 /5
　　1.4　网店装修常用工具 /6

- 第2章　初识Photoshop /9

　　2.1　走进Photoshop /9
　　2.2　常用的图像文件格式 /11
　　2.3　理解图层让操作更流畅 /12

- 第3章　图像尺寸调整 /17

　　3.1　"裁剪工具"精确裁剪照片 /17
　　3.2　"图像大小"压缩图像 /18
　　3.3　"画布大小"扩展画布 /19

- 第4章　抠图法宝 /21

　　4.1　形状规则对象的抠取 /21
　　4.2　多边形规则对象的抠取 /23
　　4.3　轮廓清晰对象的抠取 /24
　　4.4　简单背景对象的抠取 /25
　　4.5　精细对象的抠取 /27
　　4.6　毛发对象的抠取 /29

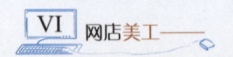

第5章 照片瑕疵修复 / 32

5.1 克隆图像 / 32
5.2 去除人物脸上的痣 / 33
5.3 消除人物的眼袋 / 34
5.4 模糊局部图像 / 35
5.5 消除红眼现象 / 36

第6章 调整照片效果 / 38

6.1 色彩基本要点 / 38
6.2 图像色彩调整的依据——直方图 / 43
6.3 有针对性的色彩处理——色相/饱和度 / 45
6.4 无色系图像的层次处理——黑白 / 46
6.5 图像的明暗层次处理——亮度/对比度 / 48
6.6 局部明暗处理——色阶 / 49
6.7 自由处理各区域明暗——曲线 / 50
6.8 光线的明暗修正——曝光度 / 51

第7章 打造照片特殊效果 / 53

7.1 唯美倒影效果制作 / 53
7.2 艺术化素描手绘效果制作 / 56
7.3 动感GIF商品展示图制作 / 58
7.4 为照片添加相框 / 60
7.5 为宝贝图片添加水印 / 62

第8章 商品的摆放艺术 / 65

8.1 水平排列商品 / 65
8.2 垂直排列商品 / 66
8.3 重叠摆放商品 / 67

第9章 Photoshop高级应用 / 70

9.1 图像切片优化处理 / 70
9.2 批量处理商品图片 / 71

9.3　商品细节的锐化 / 72

第10章　页面精致装修 / 75

10.1　页面版式布局 / 75
10.2　页面色彩搭配 / 80
10.3　文字的重要表现 / 86
10.4　页面设计创意思维 / 94
10.5　打造过目不忘的招牌——店招 / 97
10.6　帮助顾客精确定位——导航条 / 101
10.7　第一印象很重要——首页欢迎模块 / 102
10.8　巧用心思赢得回头客——店铺收藏区 / 107
10.9　为顾客答疑解惑——客服区 / 109
10.10　商品宝贝发布会——商品展示区 / 112
10.11　体现宝贝的专业品质——宝贝详情描述 / 116

第11章　整店装修案例 / 125

11.1　注册一家自己的店铺 / 125
11.2　店铺基本设置 / 130
11.3　定位店铺风格、色彩和布局 / 132
11.4　案例设计流程 / 133
11.5　店招和导航条制作 / 136
11.6　首页欢迎模块制作 / 137
11.7　广告商品展示区制作 / 138
11.8　优惠活动区制作 / 140
11.9　分类商品展示区制作 / 141
11.10　切割优化图像 / 144
11.11　图片空间管理 / 149
11.12　Dreamweaver助力旺铺完成装修 / 151

第12章　综合实训 /161

12.1　实训目的 / 161
12.2　实训选题 / 161
12.3　内容要求 / 161

参考文献 /163

第1章　网店美工概述

教学目标：
1. 理解网店美工及其重要性
2. 掌握网店页面装修的主要模块
3. 熟悉网店装修流程
4. 熟悉新手装修容易步入的误区
5. 熟悉网店装修的常用工具
6. 掌握网店装修常用工具的安装

1.1 网店美工的重要性

1.1 节微课二维码

现在，我们已经非常习惯于网购，淘宝、天猫、唯品会、京东、当当网等都是我们熟悉的电子商务平台。阿里巴巴无疑是中国电子商务的领军企业，旗下包含了淘宝网、天猫网等。如今，在淘宝和天猫上开设的店铺数不胜数，在茫茫的店铺中，有的店铺让人相见恨晚，难以忘却；有的店铺即使买家看过，也毫无印象；有的店铺买家会重复购买，死心塌地；而有的店铺买家买了一次之后，就一去不返了。这与买家看到的店铺"第一印象"——店铺装修有着十分重要的关联。

1. 什么是店铺装修

店铺装修就是在淘宝、天猫、京东等网店平台允许的结构范围内，尽量通过图片、程序模板等途径让店铺看起来更加丰富美观。网店的装修与实体店的装修是一个意思，都是让店铺变得更美、更吸引人。

2. 什么是网店美工

网店美工是网店页面美化工作者的统称，周边工作有网店设计（平面设计）、P图（图片处理）等。简单地说，网店美工就是进行店铺装修。

店铺装修主要可以分为两大模块：首页和宝贝详情页。首页常见模块主要包括：店招、导航条、海报、商品展示区、分类区、店铺收藏区、客服区；宝贝详情页包含商品橱窗照（主图）和商品详情。

案例：在淘宝平台中搜索裂帛服饰旗舰店，赏析店铺装修模块。

3. 网店美工的重要性

重要性 1：美工是网店进行产品展示的主要方法，是提升宝贝质感和印象的重要手段。在实体店买东西，买家可以通过看、闻、听、触摸等方法去感知商品的质量，但在网上买东西买家只能通过眼睛去看美工设计的图片、文字和视频。

案例 1：苹果商品图片视觉效果对比，如图 1-1 所示。

图1-1　苹果商品图片视觉效果对比

案例 2：连衣裙商品美工处理前后效果对比，如图 1-2 所示。

图1-2　连衣裙商品美工处理前后效果对比

重要性 2：美工是一个店铺流量与转化率高低的基础。美工的工作可以让店铺变得更漂亮、更简洁明了，促使店铺销量更好，提高转化率，美工、流量与转化率的关系如图 1-3 所示。美工与运营是相辅相成的。

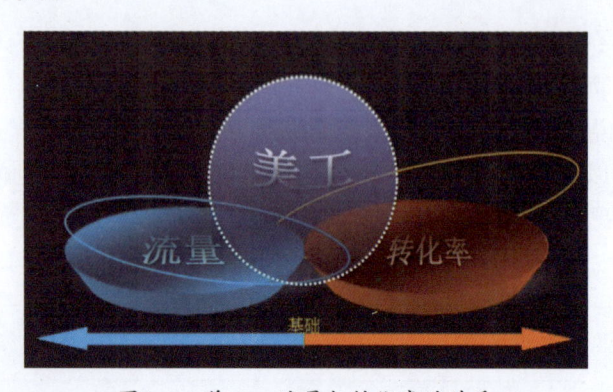

图1-3　美工、流量与转化率的关系

案例：旗王女包旗舰店和小小潮流女包店首页装修风格对比，如图1-4、图1-5所示。

图1-4 旗王女包旗舰店首页（部分）效果

图1-5 小小潮流女包店首页（部分）效果

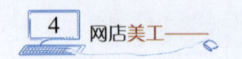

总之，美工是为了让产品吸引眼球，激发顾客购买的欲望，以达到调高销售的目的。

1.2 网店装修流程

网店的装修和实体店的装修、家庭的装修一样，都具有装修的一般流程。

1. 搜集整理网店装修素材

一个好的网店装修作品本身就是一件优秀的艺术品。任何一个好的设计的完成都离不开大量的素材。素材可以是网络上免费下载的素材、付费购买的素材以及拍摄的商品照片。免费图片一般我们都通过百度等搜索引擎搜索获得，前提是不涉及版权的问题；付费购买的途径很多，大家可以到一些专业的素材网站上购买，如昵图网、红动中国网、全景网等；商品照片可以自己拍摄，也可以请专门的摄影师拍摄。基本素材越丰富全面，设计的时候就越容易。

2. 定位网店风格和布局

网店风格是指网店页面给买家的直观感受，买家在购物过程中所感受到的店主品味、艺术气质、人的心境等。在网店经营的过程中，应该让网店的风格最大限度地符合大众的审美观念，赢得顾客的一致好评。

我们以服装为例。女装，大家都知道爱美是女性的天性，所以以浪漫、温馨、时尚个性的风格为主比较适宜；男装以沉稳大气的风格去装修设计会比较好；童装以天真、浪漫、阳光、温馨、可爱的氛围去装修，营造一个天使般柔美、天堂般美妙的神话空间；老年人首要的就是颜色搭配问题，很多老人忌讳刺眼的亮色，所以老年人服装的网店要注意色彩搭配问题，总体要表现出沉稳大气、健康权威、值得信赖的感觉。

网页中的色彩是网店统一风格的主要组成部分。一个网店设计成功与否，在很大程度上取决于色彩的运用和搭配，页面色彩处理得好，可以锦上添花，达到事半功倍的效果。因此，在设计页面时，必须要高度重视页面色彩的搭配。

网店页面设计虽然不同于平面设计，但它们也有很多相近之处。为了达到最佳的视觉效果，应讲究整体布局的合理性，给浏览者一个流畅的视觉体验。网店布局好比超市货架，有效合理的布局能够恰当地展现店铺与宝贝的特写、风格与理念，帮助消费者全方位地感受店铺信息，增加对店铺的好印象，形成潜在利润。

3. 商品图片处理

商品图片的效果直接影响店铺的最终装修效果，优质的商品图片会使店铺装修具备很大的优势。商品图片拍摄好之后并非马上可以使用，一方面，淘宝平台对商品图片的大小、格式有限制；另一方面，有的商品图片在拍摄过程中由于环境、技术、模特条件等因素的影响会存在一定的缺陷，因此，需要在后期对商品照片进行适当的处理，如调整照片尺寸、调整照片效果、打造特殊效果等。

4. 页面模块化设计

美工在模块设计中可以充分发挥个人创意，同时要遵循一些基本原则：①注重用户体验；②风格统一、高端大气；③文字与图片排版合理；④突出主次。

5. 图像切片优化和上传

模块设计后的图像还不能直接应用到网店中去，需进行切片优化处理，使用 Photoshop 中的"切片工具"即可完成，切片操作后，通过"存储为 Web 所有格式"命令对切片进行优化处理，在得到一个 images 图片文件夹的同时，会产生一个 HTML 格式的网页文件。

切片优化后，将 images 文件夹的图片全部上传到网络存储空间中，以备后面步骤使用。

6. 修改、编写代码

如前所述，在 Photoshop 切片过程中会产生一个 HTML 格式的网页文件，但是因为这个网页文件是软件自动生成的，因此，其中涉及到的图片都是使用系统自动保存的 images 文件夹中的图片，而网店装修需使用存储在网络空间中的图片，因此，需要获取图片空间中的链接地址，在 Dreamweaver 软件中对 HTML 代码进行修改。而对于网店中的一些特殊效果，像全屏轮播海报、全屏倒计时等，就需要美工自己编写代码或借助第三方软件（如淘宝美工助理）生成代码。

7. 实现装修效果

在完成以上的步骤后，最后就是到网店平台上实现最终的装修效果。

1.3 新手装修容易步入的误区

1. 店铺名称过于简洁

淘宝店铺名称最多不能超过 30 个汉字，60 个字符。有的店铺相信简单就是美，店名取得很短。比如做话费充值的店铺，取名为"话费点点充"，可是买家在搜索的时候，使用关键字"充值"、"话费充值"进行搜索，根本找不到你的店铺。

2. 页面设计过于复杂

店铺装修切忌繁杂，不要把店铺设计成门户类网站。虽然把店铺做成大网站看上去比较有气势，让人感觉店铺很有实力，但恰恰会影响买家的使用，会让买家在购物过程中觉得眼花。总之一句话：要让买家进入你的店铺后能方便地找到自己需要的商品，能快捷地看清商品的详情。

3. 色彩搭配混乱

有些新卖家会把店铺装修做得鲜艳华丽，五彩缤纷。甚至有的首页配色多达 10 多种颜色，更可怕的是颜色还过于刺眼。色彩搭配的应用原则应该是：总体协调，局部对比。也就是说网店页面的整体色彩效果应该是和谐的，只有局部的、小范围的地方可以有一些强烈的色彩对比。

4. 栏目分类太多

这也是一个非常大的误区。在设置宝贝分类的时候，出发点是方便买家更好地搜索到铺子里他需要的商品。但是，如果宝贝分类太繁复、分类太多，就会影响买家浏览店铺，因为这样无法做到让买家一目了然，自然就降低了店铺的浏览量，进而影响了商品的成交。

5. 图片过大

图片的大小直接影响网页的加载速度，大的图片加载起来就很慢。如果买家半天看不到页面，或者出现图片打不开的情况，那后果就可想而知了。

6. 动画太多

动画固然可以吸引人的眼球，但是使用过多的动画和图片过大的道理是一样的，因此，要避免这种情况的出现。

1.4 网店装修常用工具

1.4 节微课二维码

俗话说：工欲善其事，必先利其器。对于任何一项专业化的工作，都必须掌握专业化软件的使用。

准确地说，网店装修属于网页设计的范畴。装修店铺无外乎图片编辑、网页制作，有关这方面的工具有很多。Photoshop 和 Dreamweaver 是目前普遍使用的网店装修工具。

Photoshop 是 Adobe 公司开发的平面图像处理软件，它主要是对位图图像进行编辑、加工、处理和运用一些特殊效果，是专业设计人员的首选软件之一，也是我们进行网店装修时最常用的一个专业设计软件，如图 1-6 所示。

当然，如果有些卖家对 Photoshop 软件操作不太熟悉，给大家推荐一款最易上手的修图软件——美图秀秀，它可以快速实现很多常用的操作，如图 1-7 所示。

图 1-6　Photoshop软件　　　　　　　　图 1-7　美图秀秀软件

在当前流行的"所见即所得"的可视化网页制作软件中，Adobe 公司的 Dreamweaver 无疑是使用最广泛、可视化与代码编辑兼容最优秀的一个。现在很多的电商平台都支持代码装修，通过专业的操作来实现一些较为复杂的链接和编辑。作为一个专业的网店装修美工，应该掌握该软件的使用，如图 1-8 所示。

图 1-8　Dreamweaver 软件

本章小结

本章我们在明确了为什么要进行店铺装修的基础上，理解了什么是网店美工及其网店美工的重要性。在进行网店装修之前，首先要熟悉网店装修的一般流程，避免进入不必要的装修误区，浪费不必要的时间。Photoshop、Dreamweaver 是实现店铺装修的常用工具。

本章习题

选择题

1. 以下（　　）项不属于电子商务平台。
   A．亚马逊　　　　　B．唯品会　　　　　C．搜狐　　　　　D．京东
2. 以下（　　）项属于 C2C 电子商务平台。
   A．阿里巴巴　　　　B．京东　　　　　　C．中国制造网　　D．淘宝
3. 以下（　　）项不属于常见的图像文件格式。
   A．JPG　　　　　　B．HTML　　　　　C．PSD　　　　　D．GIF
4. 以下（　　）项不属于新手装修容易步入的误区。
   A．店铺名称过于简洁　　　　　　　　B．不使用动画
   C．图片过大　　　　　　　　　　　　D．页面分类过于复杂

5. 以下（　　）项不属于首页的装修模块。
   A. 商品主图　　　　　　　　　　B. 海报
   C. 店招　　　　　　　　　　　　D. 商品展示区

调查题

请调查你所在城市的电子商务发展总体情况（建议提供数据），包括有哪些电商园区，主要经营哪些类目产品，美工人才的需求等。

第 2 章 初识Photoshop

教学目标：
1. 熟悉Photoshop软件操作环境
2. 熟悉Photoshop基础工具/命令的使用
3. 熟悉常用的图像文件格式
4. 理解图层的概念
5. 熟悉常用的图层类型和操作

2.1 走进Photoshop

2.1 节微课二维码

1. Photoshop 工作界面

启动 Photoshop 软件，进入 Photoshop 工作界面，一个典型的图像窗口如图 2-1 所示。

图2-1　Photoshop工作界面

（1）菜单栏。菜单栏为整个环境下所有窗口提供菜单控制，包括：文件、编辑、图像、图层、选择、滤镜、视图、窗口和帮助九项。Photoshop 中通过两种方式执行所有命令：一是菜单，二是快捷键。当要使用某个菜单命令时，只需要将鼠标移动到菜单名上单击，即可弹出下拉菜单，可从中选择所要使用的命令。

（2）工具箱。工具箱中列出了 Photoshop 中的常用工具，利用工具箱中的工具可以选择、绘制、编辑和查看图像，选择前景和背景色以及更改屏幕显示模式，大多数工具都有相关的笔刷大小和选项调板，用以限定工具的绘画和编辑效果。有些工具的右下角有一个小三角形符号，这表示在工具位置上存在一个工具组，其中包括若干个相关工具。

（3）选项栏。又称属性栏，位于菜单栏的下方，主要显示工具栏中所选工具的选项信息，当用户选取工具箱中的某一工具后，选项栏中的选项将发生变化，不同的工具有不同的参数。

（4）图像工作区。图像工作区用来显示制作中的图像，它是 Photoshop 的主要工作区。

（5）状态栏。状态栏位于图像文件窗口的底部，用来显示当前打开图像的信息和提示信息，默认显示当前图像的放大倍数和文件大小两部分。

（6）控制面板。控制面板位于 Photoshop 工作界面的右侧，利用它可以完成各种图像处理操作和工具参数的设置，如显示信息、选择颜色、图层编辑、路径编辑、录制动作等。所有面板都可在"窗口"菜单中找到。

2. 缩放工具

在文档窗口中对图片进行编辑时，由于图像显示过大或过小会使操作变得不方便，此时，我们需要使用"缩放工具"对文档窗口中的显示比例进行控制，让显示的图像能够满足当前编辑的需要。默认状态下为单击一次放大一倍，如需缩小，则需在缩放工具选项栏中进行切换，如图 2-2 所示。

图 2-2　缩放工具选项

案例：图像缩放前后效果对比，如图 2-3 所示。

图 2-3　图像缩放前后对比

说明："放大图像"的快捷键：Ctrl++；"缩小图像"的快捷键：Ctrl+-。

3. 抓手工具

放大图像有助于观看细节，但显示器无法全部显示图像，这时可以使用工具箱中的"抓手工具"来移动图像，可以看到图像区域的各个细节。在实际操作过程中往往将"缩放工具"和"抓手工具"结合在一起使用。

说明："缩放图像"的快捷键为 Z；"抓手工具"的快捷键为 H。

4. 标尺工具

使用"标尺工具"可以精确地定位图像的长度和角度，使用该工具在图像中单击要测定的起点，此时在"信息"面板中将显示相关的度量信息，其中：X 和 Y 表示起点位置的坐标值；W 和 H 是宽度和高度的坐标值，A 和 L 是角度和距离的坐标值。

案例：标尺工具的使用以及对应信息面板显示，如图 2-4 所示。

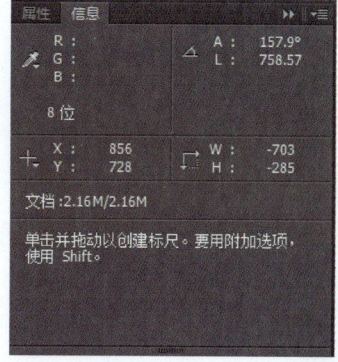

图2-4 标尺工具及信息

2.2 常用的图像文件格式

平时我们在 Photoshop 软件中保存文档，或者从网络上下载图片的时候，都会涉及图像文件格式的问题，主流的图像文件格式主要有这样 4 种：PSD 格式、JPEG 格式、GIF 格式和 PNG 格式。

1. PSD 格式

PSD 格式是 Photoshop 软件专用的格式，是新建和保存图像文件默认的格式，扩展名为".PSD"。这种格式可以存储 Photoshop 中所有的图层、通道、路径等信息，因而修改起来较为方便。

当然，PSD 格式也有其缺点，正是由于它保留了所有原图像信息，相比其他格式的图像文件而言，PSD 格式保存时所占用的磁盘空间要大得多。

2. JPEG 格式

JPEG 是一种高压缩比、有损压缩真彩色图像文件格式，它不支持 Alpha 通道也不支持透明，它的扩展名为".JPG"或者".JPEG"。JPEG 格式最大的特点是文件比较小，可以进行高倍率的压缩，因而在注重文件大小的领域应用广泛，比如网络上的绝大部分要求高颜色深度的图像都使用 JPEG 格式。在保存此格式时，会弹出对话框，图像品质设置越高，文件就越大。

但 JPEG 格式在压缩保存过程中会以失真最小的方式丢掉一些肉眼不易察觉的数据，因此保存后的图像与原图会有所差别，没有原图像的质量好，不宜在印刷、出版等高要求的场合下使用。

3.GIF 格式

和 JPEG 格式一样，GIF 格式在网络上非常流行，是一种无损压缩位图格式，它的扩展名为".GIF"。由于最多只能保存 256 种颜色，且使用 LZW 压缩方式压缩，因此 GIF 格式保存的文件非常小，不会占用太多的磁盘空间，非常适合在 Internet 上的图片传输。

GIF 分为静态 GIF 和动画 GIF 两种，支持透明背景图像，适用于多种操作系统，"体型"很小，网上很多小动画都是 GIF 格式。其实 GIF 是将多幅图像保存为一个图像文件，从而形成动画，最常见的就是通过一帧帧的动画串联起来的搞笑 GIF 图，所以归根到底 GIF 仍然是图片文件格式。

4.PNG 格式

PNG 是 Netscape 公司专为互联网开发的网络图像格式，它的扩展名为".PNG"。PNG 格式将 GIF 和 JPEG 最好的特征结合起来，它支持 24 位真彩色，无损压缩，支持透明和 Alpha 通道。但由于并不是所有的浏览器都支持 PNG 格式，所以该格式的应用范围没有 GIF 和 JPEG 广泛。

2.3 理解图层让操作更流畅

2.3 节微课二维码

1. 图层的概念

"图层"是 Photoshop 中的一个核心概念，它是构成图像的重要组成单位。图像通常由多个图层构成，通过对图层的操作，可以创建很多复杂的图像效果。

我们可以把图层比作是一张张相互独立的透明胶片，在每一个图层的相应位置创建组成图像的部分内容，将所有图层叠放在一起，就合成一幅完整的图像，如图 2-5 所示的左侧图像就由图层 1 和图层 2 叠加得到。

图 2-5 图层叠加

2. 图层的三大特征

图层具有三大特征，它们分别是：

（1）独立性。图层的独立性指的是进行图像的合成、分离、重新组合、色彩处理、图像绘制以及图像特效的制作等操作，默认情况下所有的操作只对当前图层所在的对象进行操作，不会影响其他层的对象。

（2）透明性。图层的透明性指的是默认新建的普通图层均为透明的，这就是为什么在画布内可以通过上方的图像查看下方图像的原因。在画布内图层之间没有发生重叠的部位，可以通过上方图层看到下方图层，除非上方图层完全遮盖住下方的图层。

（3）层次性。图层的层次性指的是图层与图层之间存在叠放次序的关系。在重叠区域存在相互遮挡关系，在非重叠的区域不会出现遮挡现象。

3. 常见的图层类型

在 Photoshop 中，常见的图层类型有 6 种：背景图层、普通图层、文字图层、调整图层、填充图层和形状图层，如图 2-6 所示。

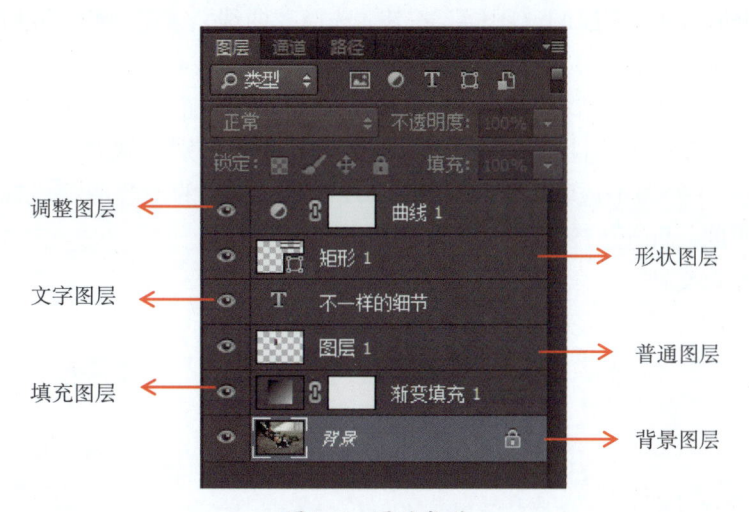

图2-6　图层类型

案例：产品细节图制作，制作前后对比效果如图 2-7 所示。

图2-7　产品细节图制作前后对比

【操作步骤】

第 01 步：打开素材

打开"瑜伽裤"素材。

第02步：添加图片素材，吸引顾客注意力

打开"蝴蝶"素材，使用移动工具将其移动至当前文档当中，适当地调整图像大小和位置，图层命名为"蝴蝶"；使用模糊工具适当模糊蝴蝶的腿部和身体部分；设置图层混合模式为"线性光"，不透明度80%，进一步达到吸引视觉的目的。

第03步：添加产品文案

选择工具箱中的"横排文字工具"，设置字体"仿宋"、大小58点、颜色黑色，在画面右上方输入产品文案"不一样的细节"。

第04步：添加形状修饰文案

选择工具箱中的"矩形工具"，设置填充为无，描边2.5点，在文案的外围绘制一适当大小的矩形形状，图层命名为"矩形"。

第05步：添加调整图层，进行画面色彩和色调的调整

因为该照片为阴雨天拍摄的照片，总体稍显暗淡，因此需要对图像作适当调整；在图层面板中单击"创建新的填充或调整图层"按钮，选择"曲线"，向上调整曲线形状，加亮图像。

第06步：添加填充图层，弱化图像局部

在"图层"面板中单击"创建新的填充或调整图层"按钮，选择"渐变"。在弹出的"渐变填充"对话框中选择"线性渐变"，进入渐变编辑器，分别设置0%和100%处的色标颜色为白色，设置0%处的不透明度色标值为100%、100%处的不透明度色标值为0%，移动100%处的不透明度色标至57%左右位置处。

第07步：保存文档

瑜伽裤产品细节图制作完成，保存文档。

说明：在这个案例当中，我们分别使用了一次背景图层、普通图层、文字图层、调整图层和填充图层，这些都是常见的图层类型。

4. 图层的主要操作

（1）新建图层

新建图层的方法很多，可执行下列任一操作：

- 单击图层面板底部的"创建新图层"按钮。
- 在菜单栏中选择"图层"→"新建"→"图层"命令。
- 按 Shift+Ctrl+N 组合键。
- 从"图层"面板菜单中选取"新建图层"命令。

（2）复制图层

复制图层的方法很多，可执行下列任一操作：

- 同一图像中复制图层，直接在"图层"面板中选中要复制的图层，然后将图层拖动至"创建新图层"按钮。
- 按 Ctrl+J 组合键，可以快速复制当前图层。
- 在不同图像之间复制图层。首先选择这些图层，然后使用移动工具在图像窗口之间拖动复制。
- 先选中要复制的图层，然后在菜单栏中选择"图层"→"复制图层"命令。

（3）移动图层

移动图层实际上是改变图层的叠放顺序，调整图层顺序会导致整幅图像的效果发生改变。

要移动图层，可执行下列任一操作：
- 在"图层"面板中选择要改变顺序的图层，使其成为当前图层，然后选择"图层"→"排列"命令，在弹出的子菜单中再选择所需的命令。
- 在"图层"面板中将鼠标指针移到要移动的图层上，然后按住鼠标左键不放向上或向下拖动到所需的位置，然后释放鼠标即可。

（4）删除图层

对于不需要的图层，可以将其删除。删除图层后，该图层中的图像也将被删除。要删除图层，可执行下列任一操作：
- 在"图层"面板中选中要删除的图层，单击面板底部的"删除图层"按钮 。
- 在"图层"面板中将需要删除的图层拖动至"删除图层"按钮 上。
- 在"图层"面板中选中要删除的图层，在菜单栏中选择"图层"→"删除"命令。
- 在"图层"面板中要删除的图层上单击鼠标右键，在弹出的快捷菜单中选择"删除图层"命令。
- 在"图层"面板中选中要删除的图层，单击面板右上角的 按钮，在弹出的快捷菜单中选择"删除图层"命令。

（5）锁定图层

在使用 Photoshop 编辑图像时，为了避免某些图层上的图像受到影响，可将其暂时锁定。锁定图层包括锁定透明像素 、锁定图像像素 、锁定位置 和全部锁定 4 种类型。

（6）链接图层

链接图层功能可以链接两个或多个图层或组，以保持共同的位置和比例关系。链接图层的操作方法为：同时选中要链接的多个图层，再单击"图层"面板下方的"链接图层"按钮 。

（7）合并和盖印图层

在处理图像的过程中，最终确定图层的内容后，可以合并图层以缩小图像的文件大小，整体地修改合并后的图层。Photoshop 提供了"向下合并"、"合并可见图层"和"拼合图像"三种图层合并的命令。选择想要合并的图层和组，既可以在"图层"菜单中选择对应的命令，也可以通过单击鼠标右键在弹出的快捷菜单中选择对应的命令完成操作。

盖印图层可以将多个图层的内容合并为一个目标图层，同时使原图层保持完好，方便以后继续编辑个别图层。按 Ctrl+Alt+E 组合键即可盖印所选图层，按 Shift+Ctrl+Alt+E 组合键将盖印所有可见图层。

强调：注意合并图层和盖印图层的区别。

（8）对齐和分布图层

对齐图层可将各图层沿直线对齐。分布图层是根据不同图层上图形间的间距来进行图层分布的。在移动工具的选项栏中，可以根据需要选取对应的对齐和分布方式，如图 2-8 所示。

图 2-8　图层对齐和分布方式

（9）创建和使用图层组

在图像处理的过程中，尤其是进行整店设计时，一个图像会产生数十个或数百个图层。

这时对图层的管理就变得非常困难，此时可以利用图层组来进行图层分类管理。图层组好比文件管理过程中的文件夹，可以将多个图层放在一个图层组中。

要新建图层组，可执行下列任一操作：
- 单击"图层"面板底部的"创建新组"按钮 。
- 在菜单栏中选择"图层"→"新建"→"组"命令。

本章小结

在熟悉 Photoshop 软件环境的基础上，我们要熟悉图像文件保存的不同类型。通过理解图层，包括图层的概念、图层的三大属性、常见的图层类型、图层的主要操作，有助于帮助我们快速入手图像处理操作。

本章习题

选择题

1. 计算机 RGB 颜色模式中，表示黑色的是（　　）。
   A．RGB（255，255，255）　　　　　B．RGB（0，0，0）
   C．RGB（255，0，0）　　　　　　　D．RGB（0，255，255）
2. 在 Photoshop 中，"新建文件"命令对话框中不可设定的是（　　）。
   A．宽度和高度　　B．分辨率　　C．色彩模式　　D．文件格式
3. 盖印图层的快捷键是（　　）。
   A．Ctrl+E　　B．Ctrl+J　　C．Shift+Ctrl+Alt+E　　D．Alt+E
4. 图像分辨率的单位是（　　）。
   A．dpi　　B．ppi　　C．lpi　　D．pixel
5. 以下（　　）项不属于在图层面板中可以调节的参数。
   A．透明度　　　　　　　　　　　　B．编辑锁定
   C．显示隐藏当前图层　　　　　　　D．图层的大小
6. 以下（　　）项没有在默认 Photoshop 窗口中显示。
   A．标尺　　B．菜单栏　　C．图层面板　　D．工具箱
7. 以下（　　）项不属于常用的图层类型。
   A．背景图层　　　　　　　　　　　B．形状图层
   C．调整图层　　　　　　　　　　　D．图层混合模式
8. 以下（　　）种图像文件格式中包含了图层、通道和路径等信息。
   A．JPG　　B．GIF　　C．PSD　　D．PNG
9. 在 Photoshop 中放大视图的快捷键是（　　）。
   A．Ctrl++　　B．Ctrl+-　　C．Ctrl+X　　D．Ctrl+U
10. 以下（　　）项会自动记录历史记录，有助于方便地返回到历史步骤。
    A．图层面板　　B．工具箱　　C．历史面板　　D．菜单栏

第 3 章　图像尺寸调整

教学目标：
1. 掌握利用"裁剪工具"精确裁剪照片的方法
2. 掌握利用"裁剪工具"调整倾斜照片的方法
3. 掌握利用"图像大小"命令压缩图像的方法
4. 掌握利用"画布大小"命令增大/减小画布的方法

3.1 节微课二维码

3.1 "裁剪工具"精确裁剪照片

当发现只需要照片中某一个部分图像时，此时可以通过"裁剪工具"将照片中不需要的部分裁剪掉。

案例：利用"裁剪工具"精确裁剪照片，照片裁剪前后效果如图 3-1 所示。

图3-1　照片裁剪前后效果对比

【操作步骤】

第 01 步：打开素材
打开"人物"素材。

第 02 步：利用裁剪工具裁剪照片
选择工具箱中的"裁剪工具"，在图像上单击，通过拖动裁剪框的 4 个角或者边缘，确定裁剪的范围。在裁剪的过程中，可根据需要在选项栏中进行长宽比例的选择或者设定，如没有填写数值，表示裁剪比例不受限制，可自由裁剪。

第 03 步：完成裁剪，保存文档
裁剪完成后按回车键确定，最后保存文档。

案例：利用"裁剪工具"校正倾斜的图像，图像校正前后效果如图 3-2 所示。

图 3-2　倾斜图像校正前后效果对比

【操作步骤】

第 01 步：打开素材

打开"模特"素材，通过观察发现图像中的模特发生了倾斜。

第 02 步：利用裁剪工具拉直图像

选择工具箱中的"裁剪工具"，单击选择选项栏中的"拉直工具"，向模特倾斜的方向画一条直线，图像自动完成矫正。同时可通过设置选项栏中的长宽比例进一步进行图像长宽比例的调整。

第 03 步：完成矫正，保存文档

图像矫正后按回车键确定，最后保存文档。

说明：裁剪工具不仅可以精确裁剪照片，也可用做倾斜图像的矫正，非常实用。

3.2 "图像大小"压缩图像

3.2 节微课二维码

在拍摄产品照片时，为了拍摄效果清晰，通常会采用高分辨率进行拍摄。但正是由于高分辨率图像质量高，所以文件容量就会偏大，上传后网页打开的速度就很慢，有时还会显示不全或不能显示，严重影响浏览的速度和效果，所以在上传之前，需要对其进行压缩处理。

案例：利用"图像大小"压缩图像，图像压缩前后效果如图 3-3 所示。

图 3-3　图像压缩前后效果对比

【操作步骤】

第 01 步：打开素材

打开"宠物"素材。

第 02 步：调整图像大小

选择"图像"菜单中的"图像大小"命令，在弹出的对话框中设定单位"像素"、"约束长宽比"、修改宽度为 1024 像素、分辨率 72，勾选"重新采样"，图像大小由原来的 51.3MB 压缩到 2MB，完成一次压缩。

第 03 步：完成压缩，保存文件

完成压缩后关闭"图像大小"对话框，最后保存文档。

3.3 "画布大小"扩展画布

3.3 节微课二维码

在对图像进行编辑的过程中，有时候会出现画布过大或过小的情况，这时就需要使用"画布大小"减小或增大画布的大小。

案例：利用"画布大小"扩展店招画布，店招扩展前后效果如图3-4、图3-5所示。

图3-4　扩展前的店招

图3-5　扩展后的店招

【操作步骤】

第 01 步：打开素材

打开"店招"素材。本案例是给店铺店招图像增加一个导航栏区域。

说明：不包含导航条的店招尺寸为950像素×120像素，包含导航条的店招尺寸为950像素×150像素。

第 02 步：调整画布大小

选择"图像"菜单中的"画布大小"命令，弹出"画布大小"对话框。这里有两种方式调整画布大小：一种方式是选择默认状态，不勾选"相对"选项，将高度改为 150 像素。另一种方式是勾选"相对"选项，将高度改为 30 像素。

第 03 步：定位画布扩展位置

导航栏位于店招的下方，原图像需定位于画布上方，因此选择第一排中的第二个"↑"，导航栏向下扩展。

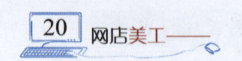

说明：定位以一个九宫格形式出现，正中央的方格表示原图像在画布中的位置，单击任何一个包含箭头的方格，都表示画布扩展后对原图像的定位。

第 04 步：设置画布扩展颜色

在"画布扩展颜色"下拉的选项中选择"扩展区域背景"的颜色。

第 05 步：保存文档

完成画布扩展，保存文档。

本章小结

商品图片并不是拍摄好之后马上就可以直接投入使用的，网店平台对图片大小都有一定的限制，我们可以利用裁剪工具、"图像大小"命令和"画布大小"命令等对图片做适当的处理，以达到最好的效果。

本章习题

判断题

1. 淘宝平台对商品图片的大小没有限制。
2. 图片大小对网页显示的速度不会有影响。
3. 网络上使用的图片分辨率通常设置为 300px。
4. Photoshop 中的"图像|图像大小"命令是同时调整图片和画布的大小。
5. 在进行图片操作过程中，有时候我们会维持图片大小不变，而只是扩大画布的情况，可以使用"图像|图像大小"命令。
6. 利用 Photoshop 中的"裁剪工具"可以调整倾斜的照片。
7. 如果想取消裁剪工具的裁剪状态，可以使用 Esc 键退出。
8. 在 Photoshop 中保存 JPEG 图像的过程中，会弹出"JPEG 选项"对话框，其中设置的品质越高，文件越大。
9. 在进行画布大小调整过程中，可以通过"定位"选项来确定画布的基准点。
10. 裁剪工具在使用过程中，不可以设定固定比例。

第4章 抠图法宝

教学目标：
1. 掌握形状规则对象的抠取方法
2. 掌握多边形规则对象的抠取方法
3. 掌握轮廓清晰对象的抠取方法
4. 掌握简单背景对象的抠取方法
5. 掌握精细对象的抠取方法
6. 掌握毛发对象的抠取方法
7. 掌握灵活选择抠图工具进行不同类型图像的抠取

4.1 节微课二维码

4.1 形状规则对象的抠取

对于形状十分规则图像的抠取，如矩形、椭圆、圆形可直接使用选框工具完成。矩形选框工具适合具有矩形特征图像的抠取，椭圆选框工具适合具有圆形或者椭圆特征图像的抠取。在处理过程中，为方便操作可打开网格工具以精确定位图像。

案例：使用椭圆选框工具抠取篮球，抠取前后效果如图4-1所示。

图4-1 篮球抠取前后效果

【操作步骤】

第01步：打开素材

打开"篮球"素材。

第02步：绘制圆形选区

选择工具箱中的"椭圆选框工具"，找出篮球大约中心的位置，以这点为中心绘制圆形选区，在绘制选区过程中按住Alt+Shift组合键。

说明：绘制圆形选区一般采用两种方法。方法一，在拖动选区时按住Shift键，选区由椭圆选区变成圆形选区。方法二，在拖动选区时按住Alt+Shift键，绘制以某一点为中心的圆形选区，本案例选择第二种方法。

第03步：调整选区位置和大小

建立圆形选区后，单击鼠标右键，在弹出的快捷菜单中选择"变换选区"，直接拖动选区或者使用键盘上的上下左右方向键对选区位置作灵活调整；同时可根据需要进一步缩放选区，一般采用两种方法，方法一：单击选项工具栏中的"锁定纵横比"，改变宽度或高度的数值。方法二：按住 Alt+Shift 键，拖动选区对角线上的控点进行拖动。

第04步：复制选区到新图层

建立圆形选区后，使用 Ctrl+C 组合键复制选区，再使用 Ctrl+V 组合键进行粘贴，"图层"面板中产生了一个新图层"图层1"，隐藏"背景"图层。

第05步：创建新背景

在"图层"面板中单击"创建新图层"按钮，新建"图层2"，设置工具箱中前景色为白色，使用 Alt+Delete 组合键完成背景填充。

第06步：保存文档

完成篮球抠取，保存文档。

案例：使用矩形选框工具抠取挂画，抠取前后效果如图 4-2 所示。

图4-2 挂画抠取前后效果

【操作步骤】

第01步：打开素材

打开"挂画"和"房间"素材。

第02步：在挂画图像中建立挂画选区

选择在工具箱中的"矩形选框工具"，通过拖动鼠标的方式以挂画的左上角为起点绘制矩形选区。

第03步：将挂画放置到房间场景中

使用 Ctrl+C 组合键复制前一步骤中建立的挂画选区，再使用 Ctrl+V 组合键将它粘贴到"房间"图像中，产生"图层1"。

第04步：在房间场景中调整挂画大小和位置

单击"图层1"，选择"编辑"菜单中的"自由变换"命令（建议大家养成使用快捷键

Ctrl+T 的习惯），通过按住 Alt+Shift 键并同时调整对角线上控点的方式使图像的宽高按比例缩放，再按回车键确定；使用工具箱中的移动工具，将挂画移动到合适位置。

第 05 步：保存文档

完成挂画在场景中的放置，最后保存文档。

强调：

（1）在拖动矩形选框工具时按住Shift键可以绘制出正方形选区；在拖动椭圆选框工具时按住Shift键可以绘制出圆形选区。

（2）在拖动矩形选框工具时按住Alt+Shift键可以绘制出以某一点为中心的正方形选区；在拖动椭圆选框工具时按住Alt+Shift键可以绘制出以某一点为中心的圆形选区。

（3）注意自由变换和变换选区的区别。自由变换是把图层中的内容根据需要变换成各种形状，而变换选区只是把所选择的区域（虚线框）变大或变小，不改变图层中的内容。

4.2 多边形规则对象的抠取

使用多边形套索工具可以创建任意不规则形状的多边形图像选区。

说明：在选取过程中，如果出现错误，可以按Delete键删除最后创建的一条线段，而如果按住Delete键不放再选取，则可以删除所有的线段，效果与按Esc键相同。

案例：使用多边形套索工具抠取相框，抠取前后的效果如图 4-3 所示。

图4-3 相框抠取前后效果

【操作步骤】

第 01 步：打开素材

打开"画"和"宝贝"两张图片素材。

第 02 步：抠取相框

方法一：在工具箱中选择"多边形套索工具"，在相框外轮廓上通过鼠标单击的方式绘制直线，最终使得终点与起点重合，建立整幅画的选区；在当前文档中复制粘贴选区，产生"图层 1"；使用相同的方法在"图层 1"中建立相框内部轮廓的选区，使用 Delete 键删除选区部分图像的内容。

方法二：在工具箱中选择"多边形套索工具"，在相框外轮廓上通过鼠标单击的方式绘制直线，最终使得终点与起点重合，建立整幅画的选区；设置选项栏中"从选区减去"的选区模式，接着再使用多边形套索工具建立相框内部轮廓的选区，这样就直接获得了相框的选区，复制粘贴选区，产生"图层1"。

第03步：移动相框到宝贝照片中

使用工具箱中的"移动工具"，将"图层1"中的相框移动到宝贝照片上。

第04步：变换相框并调整其位置

为了使相框和图像自然融合，使用快捷键Ctrl+T对图像进行适当地自由变换。自由变换后发现相框倾斜角度不是很理想，右键单击，在弹出的快捷菜单中选择"斜切"命令（"斜切"命令可以使图像沿着水平或垂直的方向进行倾斜）对相框进行进一步调整，直至达到理想的效果。最后将相框移动至合适的位置。

第05步：保存文档

完成相框抠取并应用，保存文档。

强调：选区的运算是通过各种创建选区的工具和4种选区模式共同进行的，选区模式包括"新选区"、"添加到选区"、"从选区减去"和"与选区交叉"，含义分别如下。

（1）新选区：利用新选区工作模式可在图像中创建新的选区，如果之前存在选区，将被替换。

（2）添加到选区：在已存在选区的图像中拖动鼠标绘制新选区，如果与原选区相交，则两者组成新的选区；如果选区不相交，则新创建另一个选区。

（3）从选区减去：在已存在选区的图像中拖动鼠标绘制新选区，如果选区相交，则合成的选择区域会去除相交的区域；如果选区不相交，则不能绘制出新选区。

（4）与选区交叉：在已存在选区的图像中拖动鼠标绘制新选区，如果选区相交，则合成的选择区域会只留下相交的部分；如果选区不相交，则不能绘制出新选区。

4.3 轮廓清晰对象的抠取

4.3 节微课二维码

磁性套索工具能够根据鼠标经过处的不同像素值的差别，对边界进行分析，自动创建选区。它的特点是可以方便、快速、准确地选取较复杂的图像区域。对于图像轮廓清晰的图像，我们为了节省时间通常会使用磁性套索工具进行抠取。磁性套索工具对应的选项栏如图4-4所示，其参数说明如下。

图4-4 磁性套索工具对应的选项栏

（1）羽化：此选项用于设置选区的羽化属性。羽化选区可以模糊选区边缘的像素，产生过渡效果。羽化值越大，选区的边缘越模糊。

（2）消除锯齿：选中此复选框后，选区就有了消除锯齿的功能，这时进行填充或删除选区中的图像，就不会出现锯齿，从而使边缘较平滑。

（3）宽度：此选项用于指定磁性套索工具在选取时检测的边缘宽度，比如默认值10，表示磁性套索工具只会寻找10个像素之内的物体边缘。取值范围在1～256像素之间,值越小，检测越精确。

（4）对比度：用于设定选取时的边缘反差。取值范围在1%～100%之间，值越大反差越大，选取的范围越精确。

（5）频率：用于设置选取时的定位点数，值越高，产生的定位点越多。

案例：使用磁性套索工具抠取杯子，抠取前后的效果如图4-5所示。

图4-5 杯子抠取前后效果

【操作步骤】

第01步：打开素材

打开"水杯"素材。

第02步：选取杯子选区

选择工具栏中的"磁性套索工具"，选取杯子边缘的某一位置单击鼠标左键，确定此处为选区的起点，然后沿着杯子边缘慢慢移动鼠标，移动过程中将自动产生定位点，最终使得终点与起点重合，确立杯子的总体选区。在移动鼠标过程中如果对产生的定位点不是很满意，可使用Delete键删除，同时在某些转角处可以使用鼠标左键单击的方式手动确定定位点。

第03步：删除多余选区

设置选项栏中的"从选区减去"选区模式，用相同的方式确定杯子把手内部背景区域的选区，使用Delete键删除选区。

第04步：复制选区

复制粘贴选区，产生"图层1"，隐藏"背景"图层。

第05步：保存文档

完成杯子抠取，保存文档。

4.4 简单背景对象的抠取

魔棒工具用来快速创建图像颜色相近像素的选区，像素之间可以是连续的，也可以是不

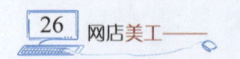

连续的。魔棒工具对应的选项栏如图4-6所示，其参数说明如下。

图4-6　魔棒工具对应的选项栏

（1）容差：设置选取颜色范围的近似程度，数值越小，选取的范围越小。

（2）消除锯齿：使选区边缘平滑。默认选中。

（3）连续：勾选时，只能选择邻近区域中的相同像素。反之，选中图像中符合像素要求的所有区域。默认选中。

（4）对所有图层取样：若未勾选则只对当前图层有效，若勾选则对所有图层有效。

案例：使用魔棒工具抠取靠枕，抠取前后的效果如图4-7所示。

图4-7　靠枕抠取前后效果

【操作步骤】

第01步：打开素材

打开Photoshop软件，在图像工作区域双击，在打开的对话框中选择"靠枕"素材打开。

第02步：选取背景区域

选择工具箱中的"魔棒工具"，设置选项栏中的"容差"值为20、选区模式为"添加到选区"，通过多次单击图像背景区域的方式建立靠枕所在背景的选区。

第03步：反向选择并复制抱枕

选择"选择"菜单中的"反向"命令，获得靠枕的选区，复制粘贴，产生"图层1"，隐藏"背景"图层。

第04步：保存文档

完成靠枕抠取，保存文档。

案例：使用魔棒工具抠取办公椅，抠取前后的效果如图4-8所示。

【操作步骤】

第01步：打开素材

打开Photoshop软件，在图像工作区域双击，在打开的对话框中选择"椅子"素材打开。

第02步：选取背景区域

选择工具箱中的"魔棒工具"，设置选项栏中的"容差"为10，去掉"连续"的勾选状

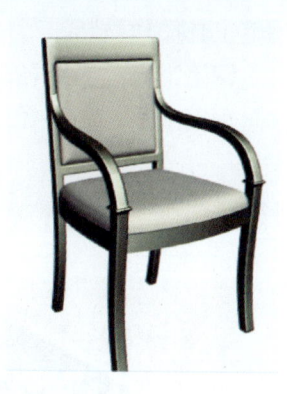

图4-8　办公椅抠取前后效果

态，单击图像的背景区域，一次性建立椅子所在背景的选区。

第03步：反向选择选区并复制椅子

选择"选择"菜单中的"反向"命令，获得椅子的选区，复制粘贴，产生"图层1"，隐藏"背景"图层。

第04步：保存文档

完成椅子抠取，保存文档。

强调：请仔细体会魔棒工具中"连续"参数的作用。

4.5　精细对象的抠取

钢笔工具尤其适用于边界复杂、加工精度高的图像抠取。

在钢笔工具使用的过程中，涉及一个非常重要的概念：路径。路径是在图像中使用钢笔工具或形状工具创建的贝塞尔曲线轮廓，多用于绘制矢量图形或对图像的某个区域进行精确抠图。假如我们要在复杂的场景中使用钢笔工具抠取如图4-9所示左侧的小黄鸭，则要建立如图4-9所示右侧小鸭的轮廓。

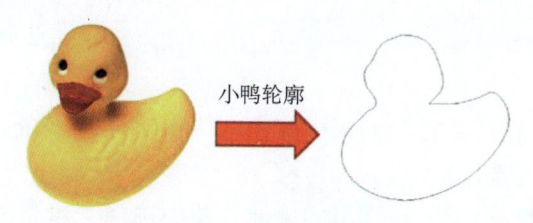

4.5　节微课二维码

图4-9　小鸭轮廓图

路径的基本元素包括：路径、锚点、方向线和方向点，如图4-10所示。

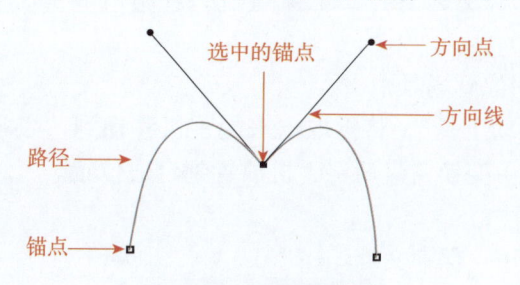

图4-10　路径基本元素

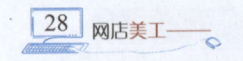

钢笔工具操作技巧：

（1）钢笔工具绘制路径过程中，按住 Ctrl 键，可暂时转换为"直接选择工具"。

（2）钢笔工具绘制路径过程中，按住 Alt 键，可暂时转换为"转换点工具"。

> 案例：使用钢笔工具抠取手机，抠取前后的效果如图 4-11 所示。

图4-11 手机抠取前后效果

【操作步骤】

第 01 步：打开素材

打开图片素材"炫彩背景"和"手机"。

第 02 步：利用钢笔工具绘制路径

选择"手机"素材，使用快捷键 Ctrl+"+"适当地放大图像，以便能够清晰地看清图像的边缘。选择工具箱中的"钢笔工具"，再选择手机左侧一个比较平坦的地方作为起点单击，接着在直线将近结束的地方再次单击，建立一条直线路径。在接近四分之一圆弧将近结束的地方拖动鼠标左键，建立与前一锚点的曲线路径，当曲线没有很好地与手机边缘吻合时，可以在钢笔工具状态下按住 Alt 键，将钢笔工具暂时转化为"转换点工具"调整方向线。按住 Ctrl 键，将钢笔工具暂时转化为"直接选择工具"调整锚点位置。继续使用同样的方法完成手机轮廓路径的完整绘制。

说明：在使用钢笔工具绘制路径过程中，如果鼠标指针下方带有一个加号，表示可以单击添加锚点。如果鼠标指针下方带有一个减号，表示可以单击删除锚点。

第 03 步：保存路径

路径绘制完成以后，在"路径"面板中双击"工作路径"，重命名路径并保存。

第 04 步：转换路径为选区

在手机路径上单击鼠标右键，在弹出的快捷菜单中选择"建立选区"。

第 05 步：抠取选区

返回到"图层"面板，确定选中了"背景"图层，复制粘贴选区，产生"图层 1"，隐藏"背景"图层，完成抠取。

第 06 步：移动手机图像到场景中

选择工具箱中的"移动工具"，将抠取出来的手机移动到"炫彩背景"图像中。使用快捷键 Ctrl+T 适当地进行自由变换，最后将手机放置到合适位置。

第 07 步：保存文档

完成对抠取手机的应用，保存文档。

强调：

（1）抠图之前适当放大图像，以便清晰地看清楚抠取对象的边缘。
（2）路径的第一个锚点最好选择在比较平坦的地方，方便后面的衔接和收尾操作。
（3）绘制路径过程中要结合Ctrl键和Alt键。
（4）锚点绘制的个数越少越好。
（5）及时保存路径，以便修改和重复使用。
（6）保持足够的耐心。

4.6 毛发对象的抠取

4.6 节微课二维码

通道是非常强大的抠图工具，可以通过它将选区存储为灰度图像，再使用各种绘画工具、选择工具和滤镜来编辑通道，从而抠出精确的图像。由于可以使用许多重要的功能编辑通道，在通道中对选区进行操作时，就要求操作者具备融会贯通的能力。

案例：使用钢笔工具抠取长发女生，抠取前后的效果如图4-12所示。

图4-12　长发女生抠取前后效果

【操作步骤】

第01步：打开素材

打开"长发女生"素材。

第02步：复制蓝色通道

打开"通道"面板，选取"蓝"通道，右键单击，在打开的快捷菜单中选择"复制通道"，产生"蓝拷贝"通道。

第03步：通道反相处理

隐藏"蓝拷贝"之外的通道，选择"蓝拷贝"通道，单击"图像"菜单，选择"调整"子菜单中的"反相"命令（或直接使用快捷键Ctrl+I）。

第04步：使用曲线命令设置黑色背景

单击"图像"菜单，选择"调整"子菜单中的"曲线"命令（或直接使用快捷键Ctrl+M），弹出"曲线"对话框。在曲线右上方三分之一某处单击添加一个点，向上拖动，再在曲线左下方三分之一某处单击添加一个点，向下拖动，增强图像的明暗对比度。选择"曲线"对话框中的"在图像中取样以设置黑场"工具，在图像背景左上方某处单击。

第 05 步：使用曲线命令调整部分偏灰背景

选择工具箱中的"套索工具"，设置羽化值"3像素"，圈选图像右下方偏灰部分的背景部分；选择"调整"子菜单中的"曲线"命令，继续设置选区黑场。如一次操作没有完全把偏灰背景变黑，则可重复操作，直至达到满意效果。

第 06 步：使用减淡工具提亮发梢

放大图像，在工具栏中选择"减淡工具"，设置选项栏中的"范围"为"高光"，适当调整画笔大小，在发梢部分涂抹。

第 07 步：使用加深工具将暗部变得更暗

选择工具栏中的"加深工具"，设置选项栏中的"范围"为"阴影"，适当调整画笔大小，对前面减淡工具已处理过区域的暗部进行加深操作。

第 08 步：使用钢笔工具创建选区，填充白色

选择工具栏中的"钢笔工具"，绘制人物百分之百需要抠取部分的路径，保存路径并建立选区；设置前景色为"白色"，填充选区。

第 09 步：复制人物选区

按住 Ctrl 键，单击"蓝拷贝"通道，建立人物选区。回到 RGB 通道，选择"背景"图层，复制粘贴选区，产生"图层 1"，隐藏"背景"图层，完成人物抠取。

第 10 步：移动人物选区至背景图像中

打开"背景"素材，使用工具箱中的"移动工具"将人物移动到背景图像当中。

第 11 步：保存文档

完成抠取人物的应用，保存文档。

本章小结

抠图是常用的图像处理技术，抠图的工具有很多，如选框工具、套索工具、魔棒工具、钢笔工具、通道工具等，有效掌握常用抠图工具的使用方法并能进行灵活应用是实现能根据需求快速完成抠图的基础。

本章习题

选择题

1. 对于类似于相框等形状规则图像的抠取可以使用（　　）。

    A．矩形工具　　　　　　　　B．矩形选框工具
    C．椭圆选框工具　　　　　　D．椭圆工具

2. 对于椭圆选框工具，在拖动选区过程按住（　　）键可以绘制出以某一点为中心的圆形选区。

    A．Ctrl+Shift　　　　　　　B．Ctrl+-
    C．Shift　　　　　　　　　　D．Alt+Shift

3. 对于多边形规则对象的抠取，可以使用（　　）。

A．磁性套索工具 B．选框工具
C．多边形套索工具 D．通道

4．对于轮廓清晰对象的抠取，可以使用（　　）。
A．磁性套索工具 B．多边形套索工具
C．钢笔工具 D．通道

5．对于各区域色彩相近而形状复杂的图像抠取，可以使用（　　）。
A．多边形套索工具 B．魔棒工具
C．通道 D．钢笔工具

6．通过设置（　　）属性可以使得选区边缘模糊。
A．对比度 B．宽度
C．消除锯齿 D．羽化

7．精细对象的抠取（如自行车）可以使用（　　）。
A．钢笔工具 B．魔棒工具
C．多边形套索工具 D．选框工具

8．钢笔工具绘制路径过程中，按住（　　）键，可暂时转换为"直接选择工具"。
A．Tab B．Shift
C．Alt D．Ctrl

9．钢笔工具绘制路径过程中，按住（　　）键，可暂时转换为"转换点工具"。
A．Tab B．Shift
C．Alt D．Ctrl

10．RGB颜色模式的图像包含（　　）个通道。
A．1 B．2
C．3 D．4

第 5 章 照片瑕疵修复

教学目标：

1. 掌握克隆图像的方法
2. 掌握去除人物脸上痣的方法
3. 掌握消除人物眼袋的方法
4. 掌握模糊局部图像的方法
5. 掌握消除红眼现象的方法
6. 掌握仿制图章工具、污点修复画笔工具、修补工具的区别及灵活应用

5.1 节微课二维码

5.1 克隆图像

仿制图章工具可以十分轻松地实现将整个图像或图像中的部分进行复制，原理类似于现在流行的生物技术——克隆。它是一个很好用的工具，也是一个神奇的工具。

案例：使用仿制图章工具去除水印，图像处理前后的效果如图5-1所示。

图5-1 水印去除前后效果

【操作步骤】

第01步：打开素材

打开"瑜伽服"素材。

第02步：选取源

选择工具箱中的"仿制图章工具"，按住 Alt 键不放，鼠标左键单击人物右下方的地面区域。

第 03 步：复制源

将鼠标移动到图片左侧的水印区域，在水印区域上下移动。

第 04 步：选取其他源

重新按住 Alt 键不放，鼠标单击选择人物右下方的地面区域。

第 05 步：复制其他源

再次将鼠标移动到图片左侧的水印区域，鼠标在水印区域上下移动。重复该步骤，直至水印去除。

第 06 步：保存文档

完成去除照片中的水印，保存文档。

拓展案例：使用仿制图章工具去除水印、复制手表，图像处理前后效果如图 5-2 所示。

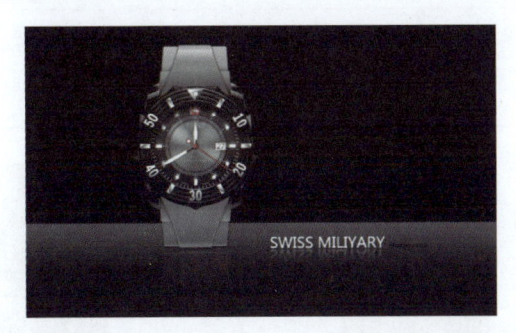

图5-2　手表图像处理前后效果

说明：仿制图章工具使用过程中需进行画笔预设，不同的画笔尖形状将影响绘制区域的效果，一般建议使用柔边缘的笔尖形状，这样复制出来的区域与原图像可以比较好地融合；为操作方便，画笔大小调整建议在英文输入法状态下使用键盘上的"［"和"］"键。

5.2　去除人物脸上的痣

污点修复画笔工具可以轻松地将图像中的瑕疵修复，常用来快速修复图像。该工具的使用非常简单，只需要将鼠标指针移到要修复的位置，按下鼠标左键并拖动即可对图像进行修复，画笔范围内的内容就会在确定修复位置边缘自动找寻相似的内容进行匹配。

案例：使用污点修复画笔工具去除人物脸上的痣，图像处理前后的效果如图 5-3 所示。

图5-3　人物去痣前后效果

【操作步骤】

第 01 步：打开素材

打开"广告模特"素材。

第 02 步：放大图像视图

使用快捷键 Ctrl+"+"将图像放大至合适大小。

第 03 步：使用污点修复画笔工具去痣

选择工具箱中的"污点修复画笔工具"，移动到模特脸上痣的位置，按键盘上的左中括号键"["或者右中括号键"]"调整画笔笔尖至合适大小，在模特脸上痣处单击，模特脸上的痣就消失了。

第 04 步：保存文档

完成去除人物脸上的痣，保存文档。

拓展案例：使用污点修复画笔工具去除衣服上的污渍，图像处理前后的效果如图 5-4 所示。

图5-4　衣服去除污渍前后效果

强调：

（1）使用污点修复画笔工具修复图像时，最好将画笔直径调整得比污点大一些。

（2）污点修复画笔工具主要针对较细小的污点处理，如去斑、去痘、去小块污渍等。

5.3 消除人物的眼袋

5.3 节微课二维码

修补工具可以用其他区域或图案中的像素来修复选中的区域，可以将样本像素的纹理、光照和阴影与源像素进行匹配。一般用于修复人脸部的眼袋、黑眼圈、皱纹或污点时尤其有效。

在拍摄模特展示产品的图片中，由于模特自身的状态（如出现眼袋等）会影响到产品呈现出来的效果，让整张照片看起来没有活力，从而影响到整个画面的表现。此时可以使用修补工具去除眼袋区域图像，使人物看上去精神饱满。

案例：使用修补工具消除人物的眼袋，图像处理前后效果如图 5-5 所示。

图5-5 消除人物眼袋前后效果

【操作步骤】

第 01 步：打开素材

打开"眼袋女生"素材。

第 02 步：放大图像视图

使用快捷键 Ctrl++ 将图像放大至合适大小。

第 03 步：设置修补工具的选项

选择工具箱中的"修补工具"，设置选项栏中"修补"项为"内容识别"，并选中"源"。

第 04 步：修补左眼眼袋

在左眼下方的眼袋区域建立一块选区，移动到用于修补的区域；用同样的方式重复操作，进一步细化处理，直到达到理想的效果。

第 05 步：修补右眼眼袋

同样的方法完成消除人物右眼的眼袋。

第 06 步：保存文档

完成消除人物的眼袋，保存文档。

强调：

（1）在使用修补工具过程中，要区分"要修补区域"和"用于修补的区域"。

（2）在使用修补工具修复过程中"要修补区域"与"用于修补的区域"能自动融合。

（3）注意"正常"和"内容识别"两种修补模式的区别。

5.4 模糊局部图像

5.4 节微课二维码

模糊工具用来对图像中被拖动区域进行柔化处理，使其显得模糊。

对一些已经具有景深效果的照片，有时为了让景深效果更加明显，可以使用模糊工具进行涂抹，增强图像的模糊程度。

案例：使用模糊工具增强景深效果，图像模糊前后效果如图 5-6 所示。

图5-6　图像模糊前后效果

【操作步骤】

第01步：打开素材

打开"运动套装"素材。

第02步：调整模糊工具大小

选择工具箱中的"模糊工具"，通过使用键盘上的左右中括号键"["和"]"调整画笔至合适大小。

第03步：设置选项并修复局部图像

设置选项栏中"强度"为"80%"，再利用模糊工具在背景上涂抹。涂抹过程中可适时调整画笔大小和强度，直至达到满意效果。

第04步：保存文档

完成模糊局部图像，保存文档。

强调："强度"参数用于设置图像的模糊程度，设置的数值越大，模糊的效果就越明显。

5.5 消除红眼现象

5.5 节微课二维码

红眼工具专门用来消除人物、动物眼睛因灯光或闪光灯照射后，瞳孔产生的红点、白点或绿点。如果相机中含有内置的红眼控制功能，可以避免此类现象的产生，如果没有使用红眼控制功能进行拍摄，在后期可以使用红眼工具快速消除红眼现象。红眼工具对应的选项栏如图5-7所示，其参数说明如下。

图5-7　红眼工具对应的选项栏

（1）瞳孔大小：用来设置眼睛瞳孔或中心黑色部分的比例，数值越大，黑色范围越广。

（2）变暗量：用来设置瞳孔或中心黑色部分的变暗量，数值越大越暗。

案例：使用红眼工具消除人物红眼，图像处理前后效果如图5-8所示。

【操作步骤】

第01步：打开素材

打开"红眼男孩"素材。

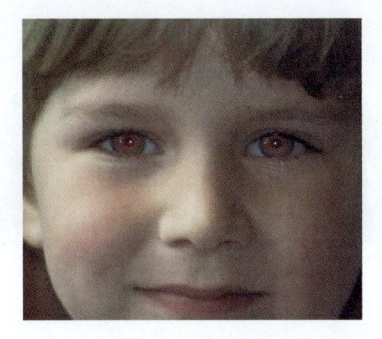

图5-8 人物红眼消除前后效果

第02步：设置红眼工具选项

选择工具箱中的"红眼工具"，设置选项栏中"瞳孔大小"为"85％"，变暗量为"10％"。

第03步：修复红眼

在小男孩左眼和右眼的瞳孔处单击鼠标左键，这样红眼现象就消失了。

第04步：保存文档

完成消除男孩红眼，保存文档。

本章小结

　　仿制图章工具、污点修复画笔工具、修补工具、模糊工具和红眼工具是有效实现修图美化的重要工具。大家在学习的过程中要尤其注意区分仿制图章工具、污点修复画笔工具和修补工具三者的区别。

本章习题

判断题

1. 使用修补工具能够实现图像或图像中的部分进行原样复制。
2. 使用污点修复画笔工具可以快速去除一些细小的污点。
3. 使用减淡工具可以进一步增强景深效果。
4. 红眼工具专门用来消除人物、动物眼睛因灯光或闪光灯照射后，瞳孔产生的红点、白点或绿点。
5. 修补工具可以用其他区域或图案中的像素来修复选中的区域，可以将样本像素的纹理、光照和阴影与源像素进行匹配。

问答题

仿制图章工具、污点修复画笔工具、修补工具三者的区别是什么？

第 6 章 调整照片效果

教学目标：
1. 熟悉色彩的基本要点
2. 理解图像色彩调整的依据——直方图
3. 掌握利用色相/饱和度命令进行有针对性的色彩处理
4. 掌握利用黑白命令进行无色系图像的层次处理
5. 掌握利用亮度/对比度命令进行图像明暗层次处理
6. 掌握利用色阶命令进行局部明暗处理
7. 掌握利用曲线命令自由处理各区域明暗
8. 掌握利用曝光度命令进行光线的明暗修正
9. 掌握各色彩调整命令的灵活应用

6.1 节微课二维码

6.1 色彩基本要点

在拍摄产品照片时，由于拍摄环境或本身拍摄技巧等的原因，有些照片拍出来之后往往会存在着一定的缺陷，如色彩暗淡、曝光过度或不足，需要进行后期修正工作。因此，在这一章中，我们要来学习照片效果调整的一些方法。

为了能更好地理解照片效果调整的原理，我们有必要先来了解有关色彩的一些基本要点。

图6-1 非彩色和彩色

1. 色彩分类
色彩按系别划分，可以分为非彩色和彩色两类。

非彩色是指黑、白、灰色，彩色是指黑、白、灰以外的色彩，如红、橙、黄、绿、蓝、紫等色彩。在图6-1所示中，中间的黑白及不同程度的灰色即非彩色，非彩色外围的都是彩色。

2. 色彩的三大属性
色彩的三大属性为色相、明度和饱和度。

色相：色彩的相貌，根据波长的不同，产生不同的色彩，如红、绿、蓝等。图6-2所示为同一幅图像不同的色相效果。

明度：色彩的明暗程度，即色彩的深浅。图6-3所示为同一幅图像不同的明度效果。

饱和度：色彩的鲜艳程度。同一色彩的彩色光，饱和度越高颜色越鲜明。图6-4所示为同一幅图像不同的饱和度效果。

第6章　调整照片效果 39

图6-2　色相

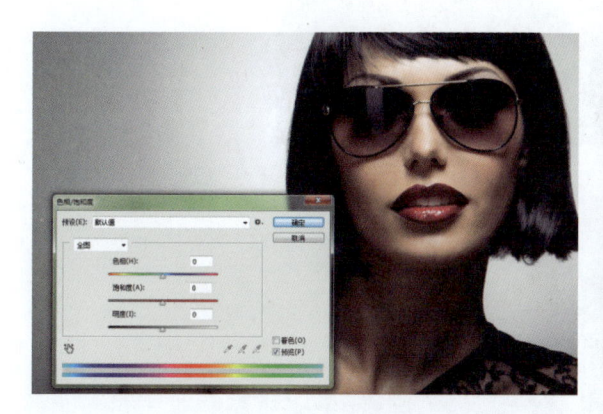

图6-3　明度

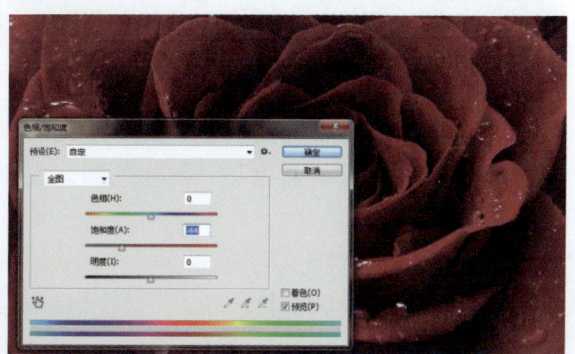

图6-4　饱和度

说明：非彩色只有明度特征，没有色相和饱和度特征。

3. 色调

色调指的是一幅图像中画面色彩的总体倾向，是大的色彩效果。下面的3张照片就代表了3种不同的色调。第1张照片：太阳西下，不同颜色的物体被笼罩在一片金色的阳光之中，总体表现为橙色，如图6-5所示；第2张照片：春天的草原，表现为绿色调，如图6-6所示；第3张照片：蓝天、大海、沙滩，总体表现为蓝色调，如图6-7所示。

图6-5　太阳西下

图6-6　草原

图6-7　海景

色调在冷暖方面分为暖色调与冷色调。像红色就是一种暖色调，红色象征太阳、火焰等，让人热情洋溢；又如蓝色是一种冷色调，象征大海、蓝天，让人感觉宁静。

4. 三原色原理

在Photoshop中新建文档时，系统提供了多种颜色模式的选择：位图、灰度、RGB颜色、CMYK颜色和Lab颜色，如图6-8所示。其中尤其要关注RGB和CMYK两种常用的颜色模式。电脑制图常用RGB颜色模式，如图6-9所示，印刷制图常用CMYK颜色模式，如图6-10所示。RGB颜色模式由自然界中光的三原色混合原理发展而来，是一种加色模式，加色的原色是指三种色光：红色（Red）、绿色（Green）和蓝色（Blue）。当按照不同比例将三种色光添加在一起时，可以生成可见色谱中的所有颜色，添加等量的红色、绿色和蓝色可以生成白色，完全缺少红色、绿色和蓝色光将导致生成黑色。

图6-8 "新建"对话框

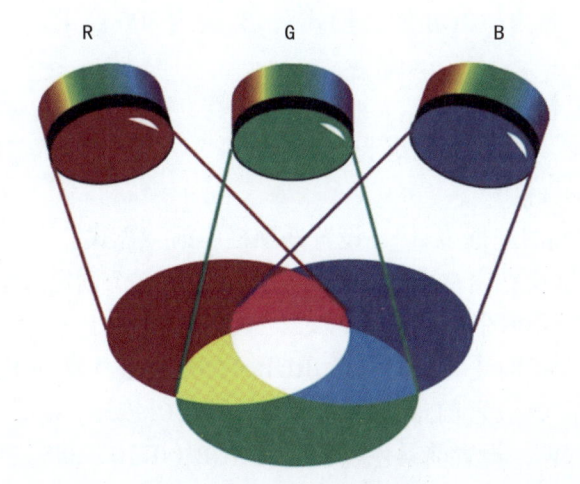

图6-9 RGB加色颜色模式

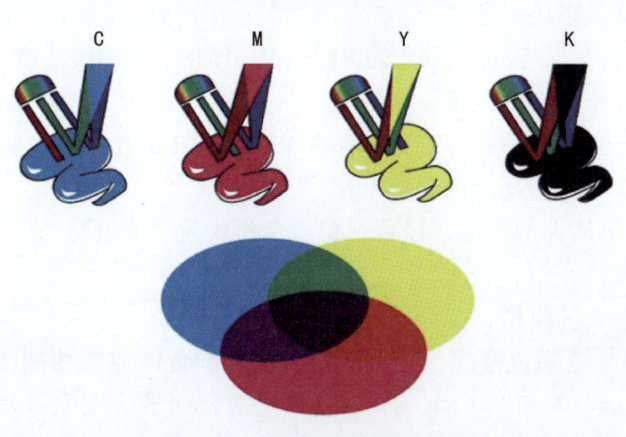

图6-10 CMYK减色颜色模式

案例：在Photoshop中模拟RGB加色颜色模式，效果如图6-11所示。

图6-11　RGB加色模式模拟效果

【操作步骤】

第01步：新建文档

新建文档，文档命名为"RGB加色模式"，宽度为800像素，高度为600像素，采用RGB颜色模式。

第02步：创建4个新图层

创建4个新的图层，图层分别命名为"黑色背景"、"红"、"绿"和"蓝"。

第03步：创建圆形选区

选择工具箱中的"椭圆选框工具"，设置选项栏中的"样式"为"固定大小"，设定宽度和高度均为150像素。在文档窗口中单击鼠标左键，产生一个固定大小的圆形选区。

第04步：填充3个颜色图层

选择图层"红"，设置前景色颜色值为RGB（255，0，0），使用快捷键Alt+Delete填充选区；选择图层"绿"，设置前景色颜色值为RGB（0，255，0），使用快捷键Alt+Delete填充选区；选择图层"蓝"，设置前景色颜色值为RGB（0，0，255），使用快捷键Alt+Delete填充选区；最后使用快捷键Ctrl+D取消选区。

第05步：填充背景图层颜色

选择图层"黑色背景"，设置前景色为RGB（0，0，0），使用快捷键Alt+Delete填充图层。

第06步：调整3个圆形的位置

选择工具箱中的"移动工具"，分别选择3个圆形所在的图层，调整圆形至合适位置。

第07步：设置3个圆形图层的混合模式

分别选择3个圆形所在的图层，设置图层混合模式为"滤色"。

第08步：保存文档

完成RGB加色模式的模拟，保存文档。

CMYK模式一种减色颜色模式，它和印刷中油墨配色的原理相同，由青（Cyan）、洋红（Magenta）、黄（Yellower）和黑（Black）四种颜色混合而成。大家不妨同样在Photoshop中进行模拟。

提示：

（1）背景颜色使用白色。

（2）图层混色模式使用正片叠底，和滤色刚好相反。

在处理色彩平衡时有一个标准色轮图表会很有帮助，如图6-12所示。可以使用色轮来预测一个颜色分量中的更改如何影响其他颜色，并了解这些更改如何在RGB和CMYK颜色模型之间转换。

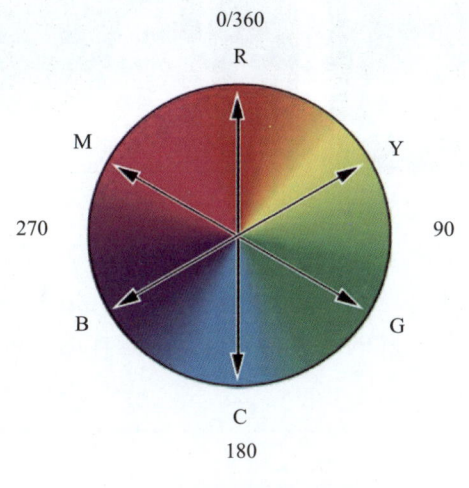

图6-12 标准色轮图表

6.2 图像色彩调整的依据——直方图

在Photoshop中有一个专门用来测试图像色彩质量的控制面板——直方图，如图6-13所示。利用它可以帮助我们正确地判断出图像出现的色彩问题，这些问题主要包括色彩的色相、饱和度和明度等。

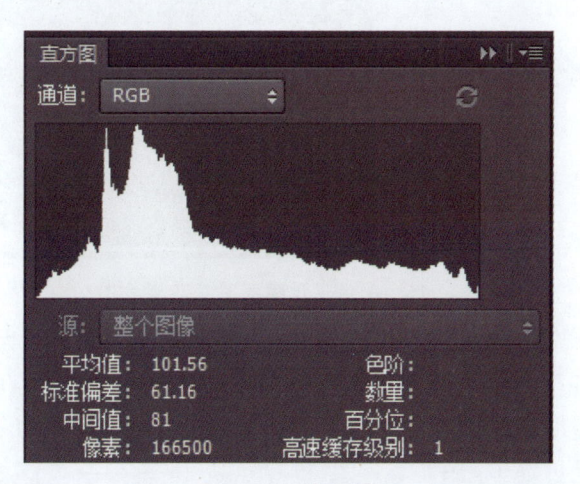

图6-13 直方图

直方图的观看规则是"左黑右白"，左边代表暗部（阴影），右边代表亮部（高光），而中间则代表中间调。横向X轴代表亮度，纵向Y轴代表像素数量，高度越高，代表的就是分布在这个亮度上的像素越多。

案例：曝光正常照片。

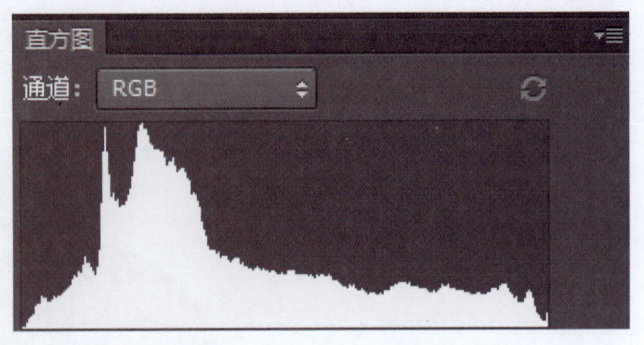

图6-14 曝光正常照片及其直方图

图 6-14 所示左侧是一张曝光正常的照片，其直方图显示为中间高两边低。照片直方图的最左侧有高度，但是很少，这说明这张照片有阴影，但不多；最右边也有高度，说明有高光，同样很少。一张正常照片的直方图应该就是这样的，可以称之为"对比度正常的中间调"。

案例：高调或过曝照片。

图6-15 高调或过曝照片及其直方图

从图 6-15 所示右侧的直方图可以看出，图像几乎没有阴影，因为最左侧是没有高度的。不仅如此，这张照片甚至连中间调都没有多少。而且，最重要的一点就是它的最右边像素直接顶到了最高处，这说明这张图像里有着大量的高光，由此可以判断，这张直方图对应的应该是高调照片，或者是过曝了。

案例：低调或欠曝照片。

相反的，有高调就肯定有低调，图 6-16 所示图像直方图中的像素分布情况和前面的案例刚好基本相反，左侧暗部区域有着大量像素，右侧高光区域几乎没有像素。因此可以判定，这张图像低调或欠曝。

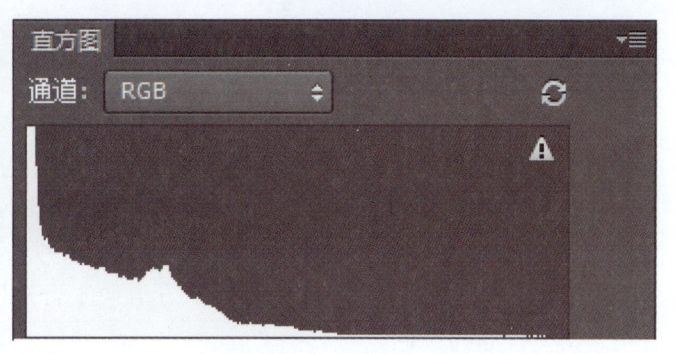

图6-16 低调或欠曝照片及其直方图

案例：低对比度照片。

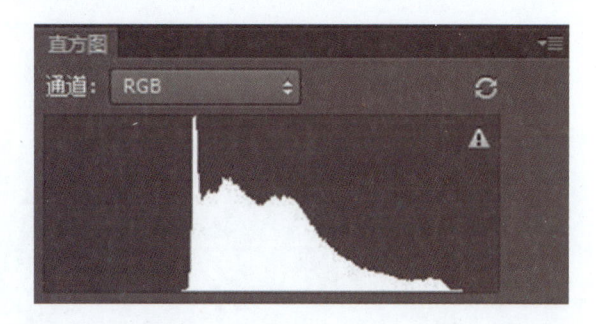

图6-17 低对比度照片及其直方图

图 6-17 所示图像的直方图中没有纯黑和纯白，一点都没有，照片的对比度比较低，整张照片灰蒙蒙的，视觉效果非常差。

6.3 有针对性的色彩处理——色相/饱和度

6.3 节微课二维码

对于拍摄好的照片，有时需要调整整个图像或图像中的一种颜色的色相、饱和度和明度。在 Photoshop 中，使用"色相/饱和度"命令，可以调整图像中特定颜色分量的色相、饱和度和亮度，或者同时调整图像中的所有颜色。

案例：调整女鞋产品的颜色，图像处理前后效果如图 6-18 所示。

图6-18 女鞋产品颜色调整前后的对比效果

【操作步骤】

第 01 步：打开素材

打开"单鞋"素材。

第 02 步：利用"色相/饱和度"命令调整单鞋颜色

单击"图像"菜单，选择"调整"子菜单中的"色相/饱和度"命令，打开"色相/饱和度"对话框（或者使用快捷键 Ctrl+U）。单击对话框左上方的下拉小三角，选择"青色"（鞋子鞋面所偏向的颜色）。拖动"色相（H）"下方滑块至合适的位置（本案例色相值控制在"−88"左右），调整鞋面的颜色。

第 03 步：保存文档

完成单鞋颜色调整，保存文档。

案例：校正丝巾产品的色彩，图像处理前后效果如图 6−19 所示。

图6−19 丝巾产品色彩调整前后的对比效果

【操作步骤】

第 01 步：打开素材

打开"丝巾"素材。

第 02 步：利用"色相/饱和度"命令调整围巾鲜艳程度

单击"图像"菜单，再选择"调整"子菜单中的"色相/饱和度"命令，打开"色相/饱和度"对话框。在对话框中向右拖动"饱和度（A）"下方的滑块至适当位置（本案例饱和度值控制在"+47"左右），调整产品鲜艳程度。

第 03 步：保存文档

完成丝巾鲜艳程度的调整，保存文档。

6.4 无色系图像的层次处理——黑白

6.4 节微课二维码

在网店页面中，为产生不一样的视觉感受，有时候我们会使用单色照片。

图 6−20 和图 6−21 所示为淘宝一贝皇城旗舰店中的两张图片。第一张图像，除文字以外为青色，第二张图像，除中间圆形区域之外的照片都为紫色。

图6-20　单色图像

图6-21　部分单色图像

使用Photoshop中的"黑白"命令即可实现彩色照片到单色照片的转换。

案例：将彩色婚纱照片处理成单色照片，图像处理前后效果如图6-22所示。

图6-22　彩色婚纱照片处理成单色照片对比效果

【操作步骤】

第 01 步：打开素材

打开"婚纱"素材。

第 02 步：利用"黑白"命令将照片处理成单色

单击"图像"菜单，再选择"调整"子菜单中的"黑白"命令，打开"黑白"对话框，照片瞬间变成黑白色；调整红色滑块至"13%"；勾选"色调"项，通过右侧的拾色器选择一种颜色（或者通过拖动"色相"和"饱和度"下方滑块的方式设置色彩）。

第 03 步：保存文档

完成婚纱照片单色效果处理，保存文档。

6.5 图像的明暗层次处理——亮度/对比度

6.5 节微课二维码

当拍摄出的图像光线不足、比较昏暗时，使用"亮度/对比度"命令调整照片，可以使照片亮部和暗部之间的对比度更加明显。"亮度/对比度"命令对照片中的所有像素进行相同程度的调整，设置的参数比较大时，容易导致图像细节的损失，应该适当地调整参数。"亮度/对比度"对话框如图 6-23 所示，其参数说明如下。

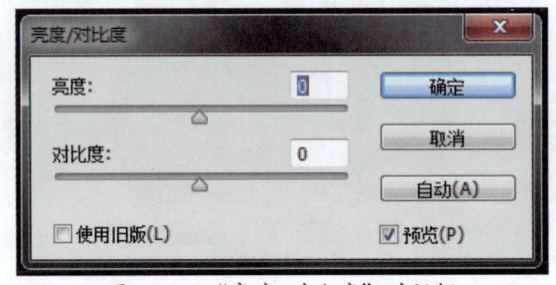

图 6-23 "亮度/对比度"对话框

（1）亮度：也称明度，是指颜色的相对明暗程度。

（2）对比度：在一幅图像中，明暗区域中最亮的白色和最暗的黑色之间的差异程度。明暗区域的差异范围越大代表图像对比度越高；反之，明暗区域的差异范围越小代表图像对比度越低。拥有适当对比度的图像，可以形成一定的空间感、视觉冲击力和清晰的画面效果。

案例：调整照片的明暗层次，图像处理前后效果如图 6-24 所示。

【操作步骤】

第 01 步：打开素材

打开"水果"素材。

第 02 步：利用"亮度/对比度"调整图像明暗层次

单击"图像"菜单，再选择"调整"子菜单中的"亮度/对比度"命令，打开"亮度/对比度"对话框。该图像的亮度尚可，在"亮度/对比度"对话框中拖动"对比度"下面的滑块至合适位置（本案例对比度值控制在"+91"左右）。

图6-24　照片明暗层次调整前后对比效果

第03步：保存文档

完成图像明暗层次效果的调整，保存文档。

6.6 局部明暗处理——色阶

6.6 节微课二维码

"色阶"命令是一种非常直观的亮度调整工具，主要用于调整那些曝光不足以及层次不理想的图片。其参数说明如下。

（1）输入色阶：在其对应的文本框中输入数值或拖动滑块来调整图像的色调范围，以提高或降低图像的对比度。

- 阴影：用来控制图像中暗部区域的大小，数值越大，图像越暗。
- 中间调：用来控制图像的明亮度，数值越大，图像越亮。
- 高光：用来控制图像中亮部区域的大小，数值越小，图像越亮。

（2）输出色阶：在其对应的文本框中输入数值或拖动滑块来调整图像的亮度范围，"暗部"可以使图像中较暗的部分变亮，"亮部"可以使图像中较亮的部分变暗。

案例：调整苹果照片局部明暗，图像处理前后效果如图6-25所示。

图6-25　苹果照片局部明暗调整前后对比效果

【操作步骤】

第01步：打开素材

打开"苹果"素材。

第02步：利用"色阶"命令进行局部明暗处理

单击"图像"菜单,再选择"调整"子菜单中的"色阶"命令,打开"色阶"对话框。在"色阶"对话框中,将直方图下方高光区域的滑块向左拖动到适当位置。

第03步:保存文档

完成图像局部明暗处理,保存文档。

6.7 自由处理各区域明暗——曲线

要想自由调整图像整体或局部的明暗时,可使用"曲线"命令。

"曲线"命令是使用非常广泛的色调控制方式。它的功能和"色阶"命令相同,只不过它比"色阶"命令可以做得更多。

案例:调整女士皮包明暗区域,图像处理前后效果如图6-26所示。

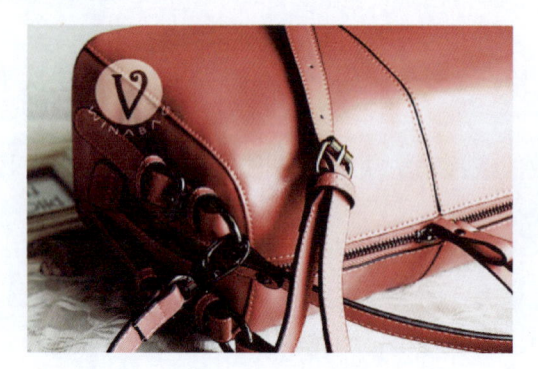

图6-26 女士皮包明暗区域调整前后对比效果

【操作步骤】

第01步:打开素材

打开"女士皮包"素材。

第02步:查看图像色彩情况

选择"窗口"菜单中的"直方图"命令,弹出"直方图"对话框。直方图显示左侧和右侧的峰值比较高,而中间部分比较低,表明图像存在的问题是高光部分太亮,阴影部分太暗。

第03步:利用"曲线"命令调整图像高光和阴影部分

单击"图像"菜单,再选择"调整"子菜单中的"曲线"命令,打开"曲线"对话框(或者使用快捷键Ctrl+M)。将鼠标指针移动到图像的高光部分,按住Ctrl键单击鼠标左键,直方图的曲线上增加了一个节点,适当地向下拖动节点,使得图像变暗。将鼠标指针移动到图像的阴影部分,按住Ctrl键单击鼠标左键,直方图的曲线上增加了一个节点,适当地向上拖动节点,使得图像变亮,曲线呈现为S形。

第04步:调整图像饱和度

单击"图像"菜单,再选择"调整"子菜单中的"色相/饱和度"命令,打开"色相/饱和度"对话框(或者使用快捷键Ctrl+U)。适当拖动"饱和度"的滑块向右,增加皮包颜色的鲜艳程度。

第05步:保存文档

完成女士皮包明暗调整,保存文档。

6.8 光线的明暗修正——曝光度

拍摄好的商品照片，常常会出现曝光不足或曝光过度的问题，可以使用"曝光度"命令调整照片的曝光问题。"曝光度"命令是模拟摄像机内的曝光程序来对照片进行二次曝光处理。"曝光度"对话框如图6-27所示，其参数说明如下。

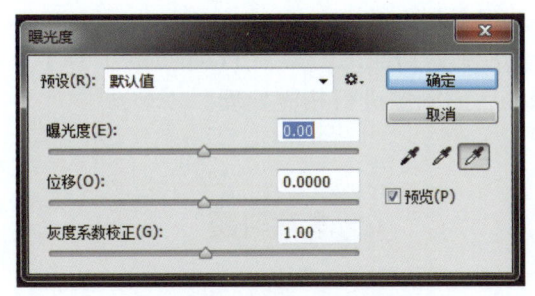

图6-27 "曝光度"对话框

（1）曝光度：拖动该滑块或在数值框中输入对应的数值，可调整图像区域的高光。

（2）位移：拖动该滑块或在数值框中输入对应的数值，可使阴影和中间调区域变暗，对高光区的影响很轻微。

（3）灰度系数：拖动该滑块或在数值框中输入对应的数值，可使用简单的乘方函数调整图像的灰度区域。

案例：调整曝光不足的照片，图像处理前后效果如图6-28所示。

图6-28 曝光不足照片调整前后对比效果

【操作步骤】

第01步：打开素材

打开"茶花"素材。

第02步：查看图像色彩情况

选择"窗口"菜单中的"直方图"命令，弹出"直方图"对话框。直方图显示图像的像素大多数分布在左侧区域，表明图像存在的问题是曝光不足。

第03步：调整曝光度

单击"图像"菜单，再选择"调整"子菜单中的"曝光度"命令，打开"曝光度"对话框。

在"曝光度"对话框中向右拖动"曝光度"下面的滑块至合适位置，适当地向左拖动"位移"下面的滑块，向右拖动"灰度系数校正"下面的滑块至合适位置。

第04步：保存文档

完成图像光线的明暗修正，在增加图像亮度的同时也增强了层次感。

本章小结

调整图像是 Photoshop 的重要功能之一，在 Photoshop 中有十几种调整图像颜色的命令，利用它们可以对拍摄或扫描后的图像进行相应处理。

本章习题

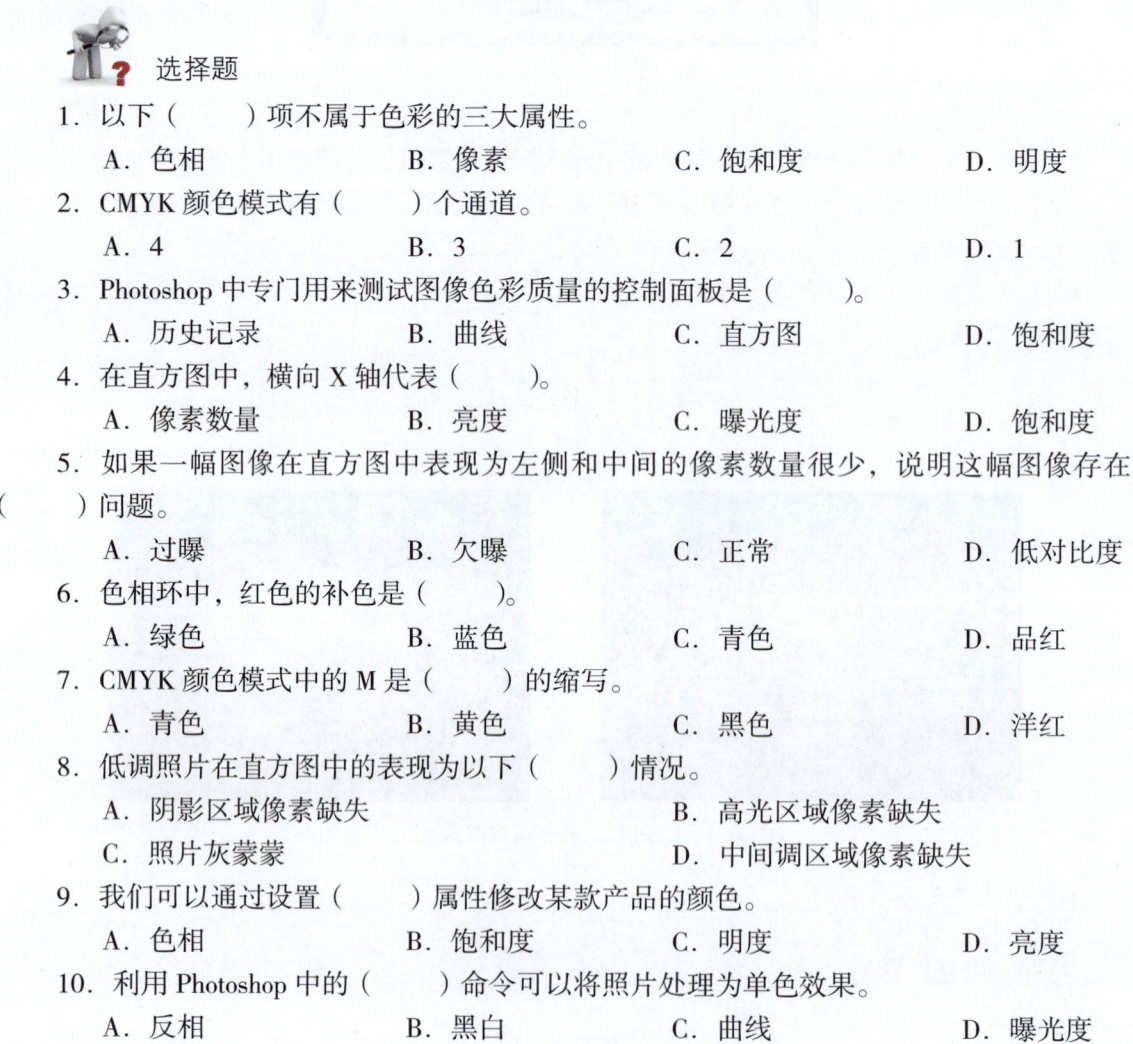

选择题

1. 以下（　　）项不属于色彩的三大属性。
   A．色相　　　　　　B．像素　　　　　　C．饱和度　　　　　　D．明度
2. CMYK 颜色模式有（　　）个通道。
   A．4　　　　　　　　B．3　　　　　　　　C．2　　　　　　　　D．1
3. Photoshop 中专门用来测试图像色彩质量的控制面板是（　　）。
   A．历史记录　　　　B．曲线　　　　　　C．直方图　　　　　　D．饱和度
4. 在直方图中，横向 X 轴代表（　　）。
   A．像素数量　　　　B．亮度　　　　　　C．曝光度　　　　　　D．饱和度
5. 如果一幅图像在直方图中表现为左侧和中间的像素数量很少，说明这幅图像存在（　　）问题。
   A．过曝　　　　　　B．欠曝　　　　　　C．正常　　　　　　　D．低对比度
6. 色相环中，红色的补色是（　　）。
   A．绿色　　　　　　B．蓝色　　　　　　C．青色　　　　　　　D．品红
7. CMYK 颜色模式中的 M 是（　　）的缩写。
   A．青色　　　　　　B．黄色　　　　　　C．黑色　　　　　　　D．洋红
8. 低调照片在直方图中的表现为以下（　　）情况。
   A．阴影区域像素缺失　　　　　　　　　B．高光区域像素缺失
   C．照片灰蒙蒙　　　　　　　　　　　　D．中间调区域像素缺失
9. 我们可以通过设置（　　）属性修改某款产品的颜色。
   A．色相　　　　　　B．饱和度　　　　　C．明度　　　　　　　D．亮度
10. 利用 Photoshop 中的（　　）命令可以将照片处理为单色效果。
    A．反相　　　　　　B．黑白　　　　　　C．曲线　　　　　　　D．曝光度

第7章 打造照片特殊效果

教学目标：
1. 掌握倒影效果的制作方法
2. 掌握素描手绘效果的制作方法
3. 掌握GIF商品展示图的制作方法
4. 掌握照片相框的制作方法
5. 掌握照片水印的制作方法

7.1 唯美倒影效果制作

7.1 节微课二维码

任何物体在一个较光亮的面上会折射出物体的全景，如水面、玻璃、透明桌面、大理石地面等，我们把这种全景称之为倒影。在现实生活中，我们也喜欢去捕捉一些倒影效果的画面。图 7-1 所示为山水的倒影效果，图 7-2 所示为城市夜景的倒影效果，这些照片看起来都很唯美，很吸引人。

同样，我们可以给商品图片添加倒影效果。图 7-3 和图 7-4 分别是两幅商品倒影效果的优秀案例。

图7-1 山水倒影效果

图7-2 城市夜景倒影效果

图7-3 手表商品倒影效果　　　　　　　　图7-4 男士皮鞋倒影效果

倒影效果不仅能提高商品图片的美观度，同时也能显示店铺的档次，产生良好的宣传效果。

案例：平面倒影效果制作，图像处理前后效果如图 7-5 所示。

图7-5 女包平面倒影效果

【操作步骤】

第 01 步：打开素材

打开 Photoshop 软件，在图像工作区双击，选择素材"女士皮包 1"打开。

第 02 步：去除图像背景，抠取皮包

使用工具箱中的"魔棒工具"建立皮包所在背景的选区，解锁背景图层，删除背景颜色。适当地放大图像，使用"钢笔工具"绘制皮包底部多余部分的路径，设置 1 像素羽化值，建立选区，删除对应区域，重命名图层为"女包"。

第 03 步：扩展画布，填充背景色

新建图层，重命名图层为"背景"。选择"图像"菜单中的"画布大小"命令，在打开的"画布大小"对话框中修改高度为 1200 像素，原有图像定位于上方，画布向下扩展。设置前景色为灰色，填充背景图层。

第 04 步：建立倒影图层，调整其位置

选择"女包"图层，使用快捷键 Ctrl+J 复制出新的图层，重命名图层为"女包倒影"。单击"编辑"菜单，再选择"变换"子菜单中的"垂直翻转"命令将皮包倒置，再使用工具箱中的"移动工具"将女包倒影移动至女包的正下方。

第 05 步：制作倒影效果

选择"女包倒影"图层，添加图层蒙版。选择工具箱中的"渐变工具"，设置"黑，白渐变"，在女包倒影区域按住 Shift 键的同时拉出一条直线，可灵活调整直线的长度，使得倒影效果最佳。设置图层的不透明度为"60%"。

第 06 步：保存文件

完成女士皮包倒影效果的制作，保存文档。

拓展案例：立体倒影效果制作，图像处理前后效果如图 7-6 所示。

图7-6　女包立体倒影效果

说明：实现倒影效果的关键是使用蒙版。蒙版是将不同灰度色转化为不同的透明度，并作用到它所在的图层中，使图层不同部位透明度产生相应的变化。图层蒙版可以理解为在当前图层上面覆盖一层玻璃片，这种玻璃片有：透明的、半透明的、完全不透明的。我们用各种绘图工具在蒙版上涂色（只能涂黑白灰色），涂黑色使蒙版变为不透明，看不见当前图层的图像；涂白色使蒙版变为透明，可以看到当前图层的图像；涂灰色则使蒙版变为半透明，透明的程度由涂色的灰度深浅决定。

7.2 艺术化素描手绘效果制作

7.2 节微课二维码

我们在浏览网店的过程中，会发现有些店铺在做宝贝详情描述时，往往会放上一张产品的素描手绘图，旁边配以"设计师说"之类的文案，给买家一种艺术化的感觉。

图 7-7 所示的皮包就进行了素描手绘艺术化处理。

图7-7　皮包素描手绘艺术化处理

图 7-8 所示的皮鞋同样也进行了素描手绘艺术化处理。

图7-8　皮鞋素描手绘艺术化处理

案例：对女鞋产品进行艺术化手绘处理，图像处理前后效果如图 7-9 所示。

图7-9　女鞋艺术化手绘处理

【操作步骤】

第 01 步：打开素材

打开"女靴"素材。

第 02 步：去色处理

保留原图层，使用快捷键 Ctrl+J 复制出新的图层"图层1"。单击"图像"菜单，再选择"调整"子菜单中的"去色"命令（或者使用快捷键 Shift+Ctrl+U），图层变为黑白模式。

第 03 步：反相处理

选择"图层1"，使用快捷键 Ctrl+J 复制出"图层1拷贝"。单击"图像"菜单，再选择"调整"子菜单中的"反相"命令（或者使用快捷键 Ctrl+I）。

第 04 步：设置图层混合模式

将"图层1拷贝"的混合模式设置为"颜色减淡"。

第 05 步：应用滤镜效果

单击"滤镜"菜单，再选择"其他"子菜单中的"最小值"命令。在打开的"最小值"对话框中设置半径为"2像素"。

第 06 步：保存文件

完成产品的艺术化素描手绘效果处理，可根据实际情况在这张素描手绘图中添加其他元素，最后保存文档。

拓展案例：对女包产品进行艺术化手绘处理，图像处理前后效果如图7-10所示。

图7-10　女包艺术化手绘处理

7.3 动感GIF商品展示图制作

1. 什么是GIF？

前面我们已经介绍了 GIF 文件格式，GIF 是一种压缩位图格式，支持透明背景图像，GIF 分为静态 GIF 和动画 GIF 两种，扩展名为 .GIF。图 7-11 ～图 7-13 所示为不同产品 GIF 动画。

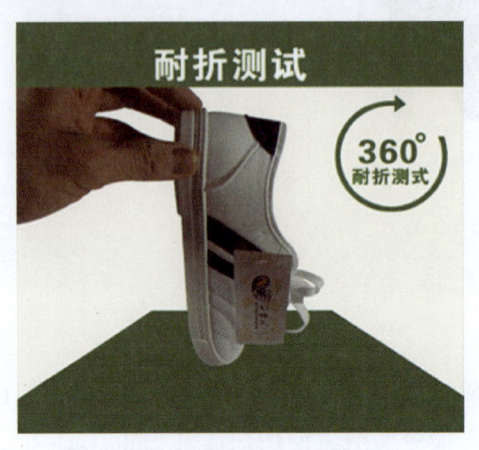

图7-11　运动鞋产品GIF动画

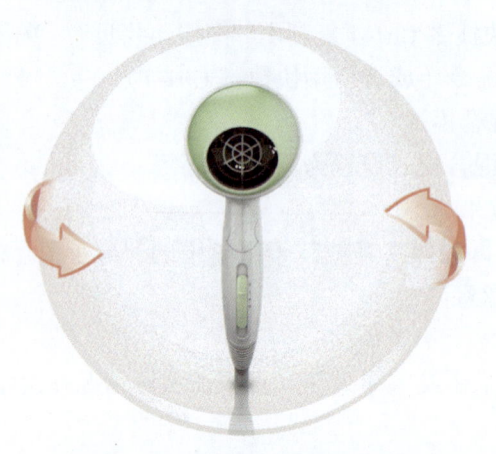

图7-12　吹风机产品GIF动画

图7-13　玩具产品GIF动画

2. 什么是帧?

帧是影像动画中最小单位的单幅影像画面,一帧就是一幅静止的图像。其实 GIF 动画是将多幅图像保存为一个图像文件,从而形成动画。如图 7-14 左侧所示的两幅图像合成后即可形成一个动画。

图7-14　裤子产品GIF动画

3.GIF 商品展示图的作用

GIF 商品展示图,顾名思义,就是为了进行商品的展示(全貌、功能、材质等),从而吸引顾客的注意力,提升商品销量。如图 7-15 所示女包产品 GIF 动画的主要作用是进行商品全貌的展示。

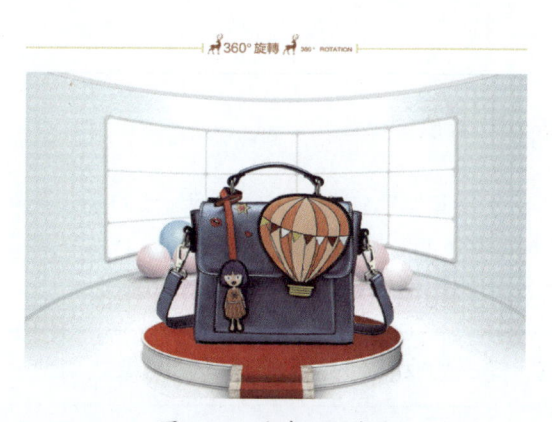

图7-15　女包GIF动画

案例:完成裤子产品 GIF 商品展示图的制作,效果如图 7-16 所示。

图7-16　裤子产品GIF动画

【操作步骤】

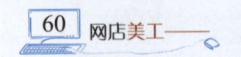

第 01 步：新建文档

新建文档，文档命名为"裤子 GIF 动画"，设置文档大小为 748 像素 ×498 像素，分辨率 72 像素 / 英寸。

第 02 步：导入素材

打开素材"裤子 01"和"裤子 02"，分别复制粘贴素材内容到当前文档当中，产生"图层 1"和"图层 2"。

第 03 步：创建帧

选择"窗口"菜单中的"时间轴"命令，在打开的"时间轴"面板中单击"创建帧动画"按钮，产生第一帧；单击"复制所选帧"按钮，产生第二帧。

第 05 步：设置帧动画

选择第一帧，显示"图层 1"，隐藏"图层 2"。选择第二帧，隐藏"图层 1"，显示"图层 2"。分别设置帧的延迟时间为 0.5 秒，设置播放次数"永远"。

第 08 步：保存文档

完成商品 GIF 动画的制作，保存文档。

说明：GIF 文件存储方式与 PSD、JPEG 文件有所不同，需选择"文件"菜单中的"存储为 Web 所用格式"命令，在弹出的对话框中设置相关参数后存储。

7.4 节微课二维码

7.4 为照片添加相框

为宝贝图片添加相框，一方面使图像更显档次，另一方面使图像有凝聚感，视觉更集中，表达主题更直接。通过 Photoshop 可以制作出多种样式的边框，"描边"样式、创建选区和使用素材是常用的为宝贝图片添加相框的方法。

案例：使用"描边"样式为女鞋产品添加相框，图像处理前后效果如图 7-17 所示。

图 7-17 使用"描边"样式为女鞋产品添加相框

【操作步骤】

第 01 步：打开素材

打开"女鞋"素材。

第 02 步：复制背景图层

选择"背景"图层，使用快捷捷 Ctrl+J 复制出"背景拷贝"。

第 03 步：设置描边样式

设置"背景拷贝"图层的图层样式为"描边"，大小 10 像素、位置"内部"，自行设置一种边框颜色。

第 04 步：保存文档

描边风格的相框制作完成，保存文档。

> 案例：通过创建选区为女鞋产品添加相框，图像处理前后效果如图 7-18 所示。

图7-18　创建选区为女鞋产品添加相框

【操作步骤】

第 01 步：打开素材

打开"女鞋"素材。

第 02 步：新建参考线，绘制圆形选区

选择"视图"菜单栏的"新建参考线"命令，弹出"新建参考线"对话框。分别在水平方向和垂直方向建立 50% 位置处的参考线。选择工具箱中的"椭圆选框工具"，按住 Alt+Shift 组合键，以中心点为起点绘制一个圆形选区。

第 03 步：反向填充颜色

选择"选择"菜单栏下的"反向"命令（或使用快捷键 Shift+Ctrl+I）。新建一图层，重命名图层为"边框"。自行设置一种前景色填充。

第 04 步：保存文档

选择"视图"菜单栏下的"清除参考线"命令清除参考线，再通过创建选区为产品添加相框完成，保存文档。

> 案例：通过使用素材为女鞋产品添加相框，图像处理前后效果如图 7-19 所示。

图7-19　使用素材为女鞋产品添加相框

【操作步骤】

第 01 步：打开素材

打开"女鞋"素材和"边框"素材。

第 02 步：将边框素材添加到产品图中

选择工具箱中的"移动工具"，将"边框"素材移动到"女鞋"文件中，产生"图层 1"。使用快捷键 Ctrl+T 对边框进行自由变换，移动边框至合适的位置。

第 03 步：移动女鞋图层的位置

解锁"图层"，产生"图层 0"，使用工具箱中的"移动工具"，适当地将鞋子向右下方移动。

第 04 步：重新设置图像背景颜色

新建图层，命名为"背景"。选择工具箱中的"吸管工具"吸取原鞋子背景的颜色，使用快捷键 Alt+Delete 对图层进行颜色填充。

第 05 步：保存文档

通过使用素材为产品添加相框，保存文档。

7.5 为宝贝图片添加水印

设计和处理好宝贝图片之后，为了防止图片被盗用，我们可以给图片添加具有店铺标志的水印。这样不仅可以防止别人盗用我们的商品图片，还可以为店铺起到一定的宣传作用。

同时，水印作为一个视觉元素，美观和适合也很重要。在制作水印过程中，有几点需要注意。

1. 如果店铺有自己的标志，那么最好就利用店铺标志来做水印

这样既可以抓住每一个让人记住店铺的机会，又能体现出店铺的系统化、规范化。

2. 水印的设计应该符合店铺气质

这一点很好理解，如果你卖的是少女装，就可以使用可爱的水印；如果卖的是男装，就用阳刚一点的水印。需要注意的是，如果你卖的宝贝很多样，那么就应该选择尽量简洁的，看起来没有性别倾向、行业倾向的水印，这样水印放在任何一张宝贝图片上就不会显得不协调。

3. 水印都应该尽量简洁

简洁，不仅是设计界的趋势，而且在宝贝图片中，水印毕竟是水印，不是我们的商品，不能喧宾夺主，所以纯文字排列的、几何形的、线条干练的水印是最佳选择。

4. 水印里的店铺名称与店铺网址应该清晰易识别

虽然很少有人会照着水印上的店名和网址去搜索，但应该为这样的可能性提供机会，让任何人在任何情况下都能通过水印提供的信息找到店铺，因此，水印必须清晰。

5. 水印的大小和位置应该大致相同

作为一个有条理的店铺，水印最好固定一个大致位置，大小以图片宽度的 1/3 为最佳。

6. 水印的颜色以黑白灰为最佳

这与第三条追求简洁是一个目的，还因为每张宝贝图片颜色都不一样，所以为了保证水印放在每张图上都协调，就不宜有彩色。比如一个红色水印它适合红色宝贝，但如果是一个绿色宝贝，可能就会不恰当了。

案例：为派娇兰旗舰店某款宝贝添加水印，图像处理前后效果如图 7-20 所示。

图7-20　派娇兰旗舰店某款宝贝水印效果

【操作步骤】

第 01 步：打开素材

打开"主图"素材和"标志"素材。

第 02 步：抠取标志，移动到主图文档

选择工具箱中的"魔棒工具"，去掉"连续"选项前面的钩，单击白色区域一次性选取标志区域，复制粘贴到"主图"文档，产生"图层 1"。

第 03 步：进一步处理标志

移动标志到图像右上方区域。选择工具箱中的"矩形选框工具"，建立文字部分的选区，通过剪切粘贴的方式建立"图层 2"。重命名"图层 1"和图层 2 分别为"图案"和"文字"。对"图案"和"文字"进行适当的自由变换，调整其位置和大小，设置图层不透明度为 80%。

第 04 步：保存文档

水印制作完成，保存文档。

本章小结

倒影、素描手绘、GIF 动画、为照片添加相框和为宝贝图片添加水印是商品图片处理过程中经常使用的美化效果，灵活运用这些功能有助于进一步提升图像处理的能力。

本章习题

判断题

1. 在制作商品倒影效果过程中，通道是实现倒影效果的关键。通道是将不同灰度色转化为不同的透明度，并作用到它所在图层中，使图层不同部位的透明度产生相应的变化。

2. 动感 GIF 商品展示图实际上由一幅幅静止的图像组成，一帧对应一幅图像。

3. 给产品图片添加水印可以防止别人盗用我们的商品图片，还可以为店铺起到一定的宣传作用。

4. 使用 Photoshop 中的图层混合模式可以创建图层特效，图层混合模式即上层的像素如何与下层的像素进行混合。"颜色减淡"和"颜色加深"图层混合模式产生的效果刚好相反。

5. Photoshop 中的变形工具适合于小面积局部调整，因为细节部位变形过大会严重畸变，利用操控变形就可以解决。

第8章　商品的摆放艺术

教学目标：
1. 掌握水平排列商品的制作方法
2. 掌握垂直摆放商品的制作方法
3. 掌握重叠摆放商品的制作方法

商品的摆放和插花一样，都是一门艺术。在传统的店铺中，商品的布置和排列是影响商品销量的重要因素，它直接决定商品是否会被点击。因此我们要根据商品的特点找到合适的布置方式和商品介绍构成方式。

商品摆放的基本方法主要包括：水平排列商品、垂直排列商品和重叠摆放商品。

8.1 水平排列商品

8.1 节微课二维码

案例：水平排列商品，效果如图 8-1 所示。

本案例中 4 个钱包水平排列一起，下方统一展示产品的一些信息。这样排列商品的好处在于可以让顾客一眼就将商品净收眼底，没有必要进行滚动，而且统一进行商品介绍，给人干练、专业的直觉。

图8-1　水平排列商品

【操作步骤】

第 01 步：新建文档

新建文档，文档命名为"水平排列商品"，设置文档大小为 750 像素 ×350 像素，分辨率 72 像素 / 英寸。

第 02 步：打开素材，抠取钱包并放置到新建文档中

打开 4 个钱包素材文件，分别使用魔棒工具抠取钱包并移动至新建图像文件中，图层分别命名为"红色钱包"、"蓝色钱包"、"金色钱包"和"紫色钱包"。

第 03 步：调整钱包位置

新建两条参考线，在画布左右分别空出稍许空间。再分别对 4 个钱包进行自由变换，顺时针旋转 80° 左右，水平居中分布。

第 04 步：制作钱包阴影

新建一个动作，命名为"制作阴影"。先选择"红色钱包"所在图层，复制出"红色钱包 拷贝"，建立红色钱包的选区，填充为黑色，调整不透明度为 10%，顺时针自由变换 3.5 度左右，微调阴影至合适的位置。然后利用已经录制的"制作阴影"动作快速完成其余 3 个钱包的阴影制作。

第 05 步：输入文案

使用工具箱中的"横排文字工具"，设置字体 Times New Roman、40 点、颜色 RGB（0、0、0）、字距 75，加粗，输入文字"CLUTCH BAG"。修改字体为 Rage Italic、30 点，输入文字 Hollywood Enamel。修改字体为楷体、18 点，输入文字为

面料：牛皮

产地：福建

尺寸：长 18.5cm 宽 9.2cm

全国统一售价：267 元。

设置其中的价格"267"为红色，调整文字位置。

第 06 步：保存文档

完成水平排列商品效果的制作，保存文档。

8.2 垂直排列商品

在网店商品详情页面设计过程中，有时候也会使用垂直排列的方式展示商品。垂直排列商品也是商品摆放常用的一种方式，它和横排商品类似，但是它们也略有不同。横向摆放商品时，通常利用下方的空白区域来输入商品的一些相关信息，这些信息一般都具有统一性，通常展示的是一个品牌，而垂直排列的商品通常也是借助于右侧的空白区域来输入商品的一些信息，不过这些信息具有一定的差异性，例如品牌、售价、颜色、材质等。

案例：垂直排列商品，效果如图 8-2 所示。

垂直排列商品的制作方法与水平排列商品类似，请自行完成制作。

图8-2 垂直排列商品

8.3 重叠摆放商品

商品的摆放方式除了前面讲到的水平排列和垂直排列之外，还有一种常见的摆放方式，那就是重叠摆放。重叠摆放的商品适合于摆放空间较小，而商品数量较多的情况，这样可以利用有限的空间展示多个商品，而颜色和式样的丰富性往往更容易吸引顾客。

图8-3所示的是钱包产品的不同重叠摆放样式。

8.3 节微课二维码

图8-3 钱包商品重叠摆放样式

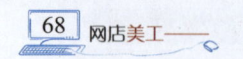

图 8-4 所示的是袜子产品的不同重叠摆放样式。

图8-4　袜子商品重叠摆放样式

案例：重叠摆放商品，效果如图 8-5 所示。

图8-5　重叠摆放商品

【操作步骤】

第01步：新建文档

新建文档，文档命名为"重叠摆放商品"，设置文档大小为 950 像素 ×500 像素，分辨率 72 像素/英寸。

第02步：导入背景素材

打开"背景"素材，将其全选（Ctrl+A）、复制（Ctrl+C）、粘贴（Ctrl+V）到当前文档中，重命名图层为"背景"。对图像进行自由变换（Ctrl+T），适当调整其大小和位置。

第03步：导入3个钱包素材

打开素材"burberry1"、"burberry2"和"burberry3",使用魔棒工具抠取钱包"burberry1"和"burberry2",使用钢笔工具抠取钱包"burberry3",分别复制粘贴到当前文档当中,重命名图层为"钱包1"、"钱包2"和"钱包3"。适当地进行自由变换,调整钱包至合适的位置。

第04步:导入玫瑰素材

打开素材"粉色玫瑰",复制粘贴图像至当前文档当中,重命名图层为"玫瑰"。适当地调整其大小和位置,设置图层的混合模式为"正片叠底",降低图层的不透明度为30%。选择工具箱中的"橡皮擦"工具,设置前景色为黑色、柔边缘笔尖,对边缘作适当柔化处理。

说明:图层混合模式是图像处理过程中经常使用的一种技术手段。"正片叠底"混合模式的原理是将两种颜色的像素相乘,然后再除以255,得到的结果就是最终色的像素值。执行正片叠底混合式后颜色比原来的两种颜色都深,任何颜色和黑色执行正片叠底模式后得到的仍然是黑色,任何颜色和白色执行正片叠底模式后保持原来的颜色不变。

第05步:导入巴宝莉标志素材

打开素材"巴宝莉标志",复制粘贴图像至当前文档当中,重命名图层为"标志"。适当地调整其大小和位置,设置图层的混合模式为"正片叠底"。

第06步:保存文档

重叠摆放商品效果制作完成,保存文档。

本章小结

商品的摆放是一门艺术,经常使用的摆放效果包括:水平排列商品、垂直排列商品和重叠摆放商品。商品摆放的位置直接决定商品是否会被点击,因此我们要根据商品的特点设计合适的布置方式和商品介绍构成方式,增加商品展示的机会。

本章习题

判断题

1. 商品的摆放是一门艺术,经常使用的摆放效果包括:水平排列商品、垂直排列商品和重叠摆放商品。

2. "正片叠底"混合模式是一种常用的图层混合模式,利用它可以形成一种光线穿透图层的幻灯片效果。正片叠底其实就是将基色与混合色相乘,然后再除以255,便得到了结果色的颜色值,结果色总是比原来的颜色更亮。

3. 重叠摆放的商品适合于摆放空间较小,而商品数量较多的情况,这样可以利用有限的空间展示多个商品。

4. 商品的摆放位置是影响商品销售的重要因素,它直接决定商品是否会被点击。

5. 商品的摆放要考虑用户的购物习惯、用户体验等因素。

第9章 Photoshop高级应用

教学目标：

1. 掌握图像切片优化处理的方法
2. 掌握批量处理商品图片的方法
3. 掌握商品细节锐化的方法

9.1 图像切片优化处理

前面我们曾经给大家介绍过新手装修容易步入的误区，其中的一个误区是图片过大。如果将较大的图片直接上传到网店中去进行应用，会大大影响网页的加载速度，降低顾客购买的欲望，从而影响店铺的转化率。

Photoshop 提供了"切片工具"和"切片选择工具"来实现图像的切割，在网店中使用切割后的图像可以大大加快网页的加载速度，同时，虽然很多网店中的图像都进行了切割，但在正常显示状态下，我们完全不能直接看出哪些图像被切割过，而哪些又是完整的。因此，切片无疑是一种巧妙的解决方案。

案例：切片优化图 9-1 所示的商品展示图。

图9-1 切片优化商品展示图

【操作步骤】

第 01 步：打开素材

打开"宝贝展示模块"素材。

第 02 步：对图像进行切片

选择工具箱中的"切片工具"对图像进行切片，切片的方法有两种：第一种方法是直接使用切片工具创建切片，切片过程中需要手动划分切片区域，选择"正常"切片样式，我们将图像划分为 9 块切片区域；第二种方法是基于参考线创建切片，在水平方向上建立两条参考线，垂直方向上建立三条参考线，单击"基于参考线的切片"按钮，系统自动将图像划分为 12 块区域，然后使用"切片选择工具"分别选择 02、03、04 区域，删除切片，标题栏成为单独的一块区域，最后同样是 9 块切片区域。

说明：切片的样式包括正常、固定长宽比和固定大小，"正常"表示在切片工具拖动过程中确定切片比例；"固定长宽比"表示需要输入整数或小数作为长宽比；"固定大小"需指定切片的宽度和高度，输入整数的像素值。

第 03 步：将图像存储为 Web 所用格式

图像切片完成，选择"文件"菜单中的"存储为 Web 所用格式"命令，在打开的对话框中选择"HTML 和图像"格式保存，系统自动产生一个 HTML 文件和一个 images 文件夹。images 文件夹中存放了切片产生的 9 张图片，其容量大小比原图小了很多。

9.2 批量处理商品图片

9.2 节微课二维码

所谓批量处理商品图片就是一次性处理大量产品图片，如批量调整图片大小、批量调整曲线等，学会批处理图片有助于我们大大提高工作效率。

案例：批量增加图 9-2 所示五幅图像的亮度、尺寸调整成 600 像素 ×900 像素并保存。

图 9-2 批量处理商品图片

【操作步骤】

第 01 步：建立文件夹

新建两个文件夹，分别用来存放处理前和处理后的图像，文件夹命名为"处理前"和"处理后"，原始图像放入"处理前"文件夹中。

第 02 步：录制动作

在 Photoshop 中打开图像"MG_01"，选择"窗口"菜单中的"动作"命令，打开"动作"面板中，创建动作"调整图像亮度和尺寸"。开始录制动作：使用快捷键 Ctrl+M 打开"曲线"对话框，调整图像亮度；使用快捷键 Alt+Ctrl+I 打开"图像大小"对话框，设置尺寸为 600 像素 ×900 像素；保存文件到"处理后"文件夹中，关闭文档，完成动作录制。

第 03 步：批量处理图片

其他 4 张图像的处理方法和第 1 张完全相同，接下去可以使用两种方法进行批量处理。

第一种方法：在 Photoshop 中一一打开 4 张图像，逐一对图像执行前面录制的"调整图像亮度和尺寸"动作。

第二种方法：单击"文件"菜单，再选择"自动"子菜单中的"批处理"命令，在弹出的对话框中设置"动作"为"调整图像亮度和尺寸"、"源"为"处理前"文件夹、"目标文件夹"为"处理后"文件夹，同时可设置文件命名规则，单击"确定"按钮后即自动进行批处理工作。

9.3 商品细节的锐化

9.3 节微课二维码

USM 锐化的作用是对图像的细微层次进行清晰度强调。它采用照相机制版中的虚光蒙版原理，通过加大图像中相邻像素间的颜色反差，来提高图像整体的清晰效果。"USM 锐化"对话框如图 9-3 所示，其参数说明如下。

图 9-3 "USM 锐化"对话框

（1）数量：用于调节锐化的程度。数值越大，锐化效果越明显，但过大的数值会使图像变得虚假。

（2）半径：用于设置图像边缘周围被锐化的范围，该值越大，锐化效果越明显。建议在锐化过程中半径值不要超过 1 个像素，可以使用快捷键 Ctrl+F 锐化多次。这个参数的设置必须严谨，设置过宽会出现明显的光晕。

（3）阈值：用于设置锐化相邻像素必须达到的最低差值。只有对比度差值高于此值的像素才会得到锐化处理。数值越小，锐化的程度越显著。

> 案例：对手表商品进行锐化处理，图像处理前后效果如图 9-4 所示。

【操作步骤】

第 01 步：打开素材

打开"手表"素材。

第 02 步：执行"滤镜"命令

单击"滤镜"命令，再选择"锐化"子菜单中的"USM"锐化命令，打开"锐化"对话框。设置数量 200 左右、阈值 10 左右。

第 03 步：保存文档

完成对手表图像的锐化处理，保存文档。

图9-4　手表商品锐化前后对比效果

强调：

（1）永远在锐化前保留一份原始备份

Photoshop锐化是一个不可逆过程。一旦锐化存储后，再次打开文件将不能恢复到锐化前的状态。所以，要保留一切都修改调整好但没有锐化的照片，养成这种专业习惯！

（2）锐化永远是图像后期处理的最后一步

在开始锐化前应该完成所有的图像修改和调整，比如对比度、颜色、阴影/高光等。如果锐化后再调整图像将会显著恶化整体像质。

（3）宁可用低半径、高数量锐化两次或多次，也不用高半径、低数量锐化一次

半径决定锐化的范围，用高半径来锐化会很容易出现光晕。

（4）宁可锐化不足，不可锐化过度

很多图像的锐化不当，基本上是锐化过度导致的。因为在Photoshop中锐化很容易实现，而很多人在头脑中没有形成一定的标准来判别锐化效果，所以大多数情况下倾向于锐化过度。

本章小结

本章主要介绍了 Photoshop 高级应用的 3 个功能：图像切片优化、批量处理商品图片和商品细节锐化。图片切片优化有助于压缩图像大小，提高图片的显示速度。批量处理商品图片可帮助我们大大提高工作的效率。USM 锐化有助于对图像的细微层次进行清晰度强调，但锐化需适度，否则很有可能出现锐化过度的现象。

本章习题

选择题

1. 当我们用相机拍摄产品照片，发现图片的尺寸都很大，请问采用（　　）方法可以快速高效地把所有图片统一进行缩小。

　　A. 图像大小　　　　B. 文件大小　　　　C. 批处理　　　　D. 自由变换

2. 图像切片优化后使用（　　）命令保存文档。

　　A. 存储为　　　　　　　　　　　　　B. 另存为
　　C. 存储　　　　　　　　　　　　　　D. 存储为 Web 所用格式

3. 批量处理商品图片过程中需要使用录制（　　）。

　　A. 历史记录　　　　　　　　　　　　B. 动作
　　C. 操作过程　　　　　　　　　　　　D. 帧动画

判断题

1. 图像切割优化后可以大大提高网页加载速度。
2. 在正常显示状态下，网页上切割后的图像和完整图像的效果是一致的。
3. 图像切割后只能保存为图像文件格式。
4. 宝贝详情页不需要切片处理。
5. 图像锐化存储后可以将商品图片恢复到原始状态。

第10章　页面精致装修

教学目标：
1. 掌握网店页面版式布局的方法
2. 掌握网店页面色彩搭配的方法
3. 熟悉常见的字体风格、图文编排的方式和字体的一些创意设计
4. 理解页面创意思维的重要性
5. 掌握店招的设计与制作方法
6. 掌握导航条的设计与制作方法
7. 掌握首页欢迎模块的设计与制作方法
8. 掌握店铺收藏区的设计与制作方法
9. 掌握客服区的设计与制作方法
10. 掌握商品展示区的设计与制作方法
11. 掌握宝贝详情描述页的设计与制作方法

10.1 页面版式布局

10.1 节微课二维码

在运营网上店铺时，为了提高销售业绩，需要制作美观的商品页面。网店商品页面除了起到商品展示作用之外，同时还承担着重要的营销任务。所谓页面版式布局，就是将商品页面的组成要素（图片、文字等）进行合理的布局，以达到吸引顾客并提升顾客购买欲望的目的。

按照版式布局的视觉流程，我们把页面版式布局主要分为单向型和曲线型两种。所谓视觉流程，就是布局对顾客的视觉引导，指导观者的视线关注范围和方位。

1. 单向型视觉流程版式布局

为了使视觉流程能够将信息在有安排的情况下一一地传达给顾客，单向型的视觉流程必不可少。通过竖向、横向、斜向的引导，能够使顾客更加明确地了解网店中内容。

使用竖向视觉流程设计的画面，可以产生稳定感，条理显示更清晰。使用横向视觉流程设计的画面，符合人们的阅读习惯,有一种条理性较强的感觉。使用斜线视觉流程设计的画面，可以让画面产生强烈的动感，增强更多的视觉吸引力。

图 10-1 所示是一款单向型视觉流程版面设计的儿童服饰旗舰店布局，竖向视觉让人感觉坚定而直观，让顾客的视线随着画面的下移而改变，但是这样的设计要注意每组信息之间的间隔，避免造成头重脚轻的情况。

图10-1　单向型视觉流程版式布局

2. 曲线型视觉流程版式布局

在版式布局的视觉流程中，要想给人一种曲折迂回的视觉感受，就需要运用曲线视觉流程。所谓的曲线视觉流程，指的是画面中的所有设计要素按照曲线或者回旋线的变化排列。

S形的曲线引导是网店装修设计画面中最为常用的一种版式视觉流程，将版面按照S形曲线流程进行编排的时候，不但可以产生一定的韵律感，而且还会给整个设计的画面带来一种隐藏内在的力量，容易让版面的上下或者左右平衡，也会让画面的视觉空间效果更显得灵动。曲线型的视觉流程很容易形成视觉上的牵引力，让顾客的视线随着曲线进行移动，引导阅读的效果明显。

图10-2所示的是一款S形视觉流程版面设计的手机旗舰店布局，这种形式的布局会让观赏者的视线集中在商品图片上，使画面的局部形成一个强调效果，让其更加突出地呈现出来。

图10-2　曲线型视觉流程版式布局

版式设计的形式法则是创作画面美感的基本准则，它不是美的唯一标准，但却能帮助初学者很快掌握设计要领，从而设计出优秀的网店页面。美的形式法则无章法可循，主要靠设计师的灵活运用与搭配。只有在大量的设计实践中，才能真正理解和掌握版式布局设计的形式法则。

版式设计的形式法则主要是以下4条。

1. 对称与均衡

对称与均衡是一对统一体，是指画面中心左右两边或四周的视觉元素相同而形成画面的宁静状态。对称与均衡的版面设计能让顾客在浏览店铺信息的过程中求得视觉心理上的稳定感。

对称均衡可分为绝对对称均衡与非绝对对称均衡两种。前者给人庄重、严肃、古典之感，但处理不当易单调、呆板；后者采用等形不等量或等量不等形的手法组织画面内容，以求视觉心理上既均衡又变化的状态。后者比前者更具生动灵活，富于变化，是较为灵活的具有现代感的版式均衡设计手段。

图 10-3 所示的商品详情页使用了左右对称的形式进行设计,但不是绝对的对称,画面中的布局在基本元素的安排上赋予固定的变化,对称均衡更灵活、更生动,是设计中较为常用的表现手段,具有现代感的特征,也让画面中的商品细节与文字搭配自然。

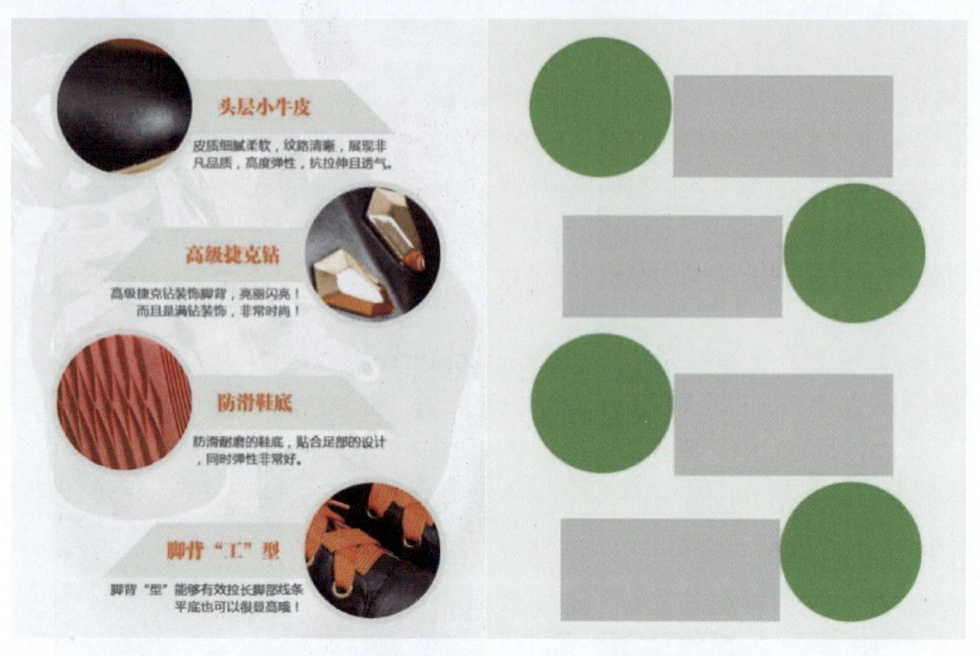

图10-3　对称与均衡

2. 节奏与韵律

节奏和韵律都来自音乐的概念。节奏是有规律的重复,是在不断重复中产生频率的变化,变化小为弱节奏,变化大为强节奏。韵律是通过节奏的重复而产生的。在设计网店的画面中,合理运用节奏与韵律,就能将复杂的信息以轻松、优雅的形式表现出来。

图 10-4 所示的三幅女装画面的展示,图片的色彩和布局统一、相同形式的构图,体现出画面的韵律感,而每幅画面中的模特形态和内容又各不相同,这样充分表现出节奏的变化,让商品信息的展示更加轻松。

图10-4　节奏与韵律

3. 对比与调和

对比与调和看似一对矛盾的综合体，实质上是相辅相成的统一体。对比是人们感知世界的认知方法。版式设计的对比主要有：主次对比、大小对比、强弱对比、疏密对比、动静对比、虚实对比、色彩对比等，对比关系越清晰鲜明，认知程度就越明朗显著。

调和是人们在生理、心理中的平衡需求，是在视觉元素关系中寻求相互缓和的因素。

在很多的网店装修页面设计中，画面中各种设计元素都存在着相互对比关系，为了寻求平衡，设计师往往会在对比中寻找能够相互协调的因素，也就是在对比中寻求调和，让画面在富有变化的同时，又有和谐的审美情趣。

图10-5所示的案例中，黑色相机和右侧的文字在明度上相似，但是在面积和疏密关系上存在着明显的差异，因此整个画面既有色彩和面积上的对比，又显得和谐、统一。

图10-5　对比与调和

4. 虚实与留白

在中国传统美学中有"形得之于形外"之说，虚实与留白是版式设计中重要的视觉传达手段之一。版面中的"虚"实际上为"实"而衬托，"虚"可以视为空白，也可以视为细小脆弱的元素。为了强调主体，有意地将其他部分削弱为虚，甚至虚为空白，巧妙得当的"虚"，是为了更好地烘托"实"。

图10-6所示的商品详情描述页面中，将商品的细节以曲线的方式排列在画面的左侧，右侧则利用背景图片进行装饰，在画面中表现出明显的轻重感，让顾客的注意力被左侧的信息所吸引，给人留下深刻的印象。

强调：网店装修版式中的留白并不是将画面的一部分设计为白色，而是使用较弱的图像或者背景来进行表现，使得主体更加明显。

图10-6　虚实与留白

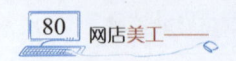

10.2 页面色彩搭配

1. 对比配色在网店装修中的应用

色彩必须通过色彩之间的对比才能产生相应的效果，色彩对比主要介绍色相对比、明度对比、纯度对比、面积对比和冷暖对比 5 种。

（1）色相对比

色相对比是指两种以上的色彩组合后，由于色相之间的差别而形成的色彩对比效果。它是色彩对比的一个重要方面，正是因为这一对比才确立了色彩存在的价值，色彩的其他一系列对比才得以展开。因此，掌握色相的对比是实现配色的基本前提。色相的对比搭配可以使画面充满生机，并且具有丰富的层次感。

在图 10-7 所示的案例中，网店首页使用差异较大的单色背景来对画面进行分割，色相之间存在较大的差异，这样产生的对比效果就是色相对比配色，它让画面色彩丰富，具有感官刺激性，能够很容易地吸引顾客的眼球，使其产生浓厚的兴趣。

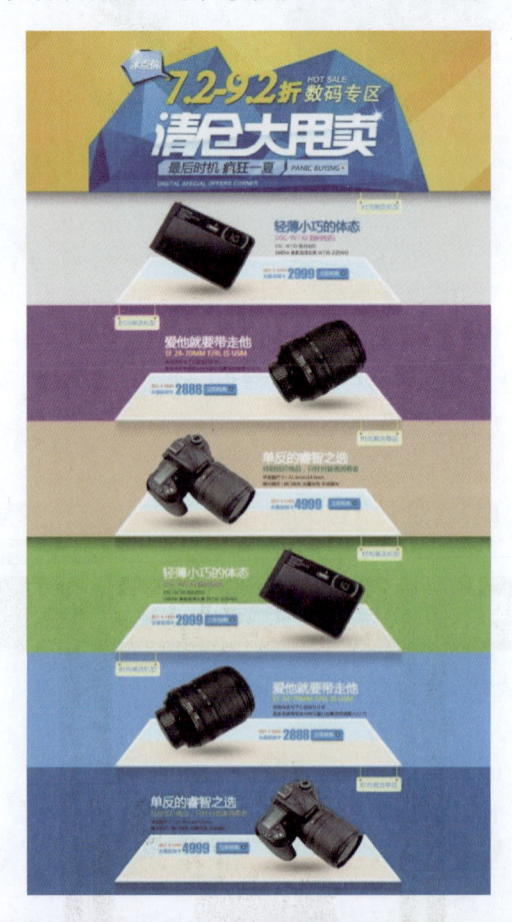

R217、G190、B160	R188、G93、B240	R3、G136、B194	R153、G215、B69	R240、G185、B7
C19、M28、Y38、K0	C51、M67、Y0、K0	C81、M39、Y13、K0	C48、M0、Y84、K0	C11、M33、Y91、K0

图10-7　色相对比

（2）明度对比

明度对比是指色彩的明度差别而形成的对比。它是决定色彩明快、柔和、强烈、沉闷等个性的决定性因素，是物体形体感和光感得以体现的关键所在。明度在网店装修设计中占有很重要的位置，色彩的层次感和空间感大多以色彩的明度对比来体现，明度的对比比其他任何对比的感觉都要强烈。对于色彩的搭配来说，明度配色是否准确，直接影响着配色的明快感和清晰感。

图 10-8 所示的是一个明度对比的案例，图中的文字使用低明度的黑色，而画面的背景使用高明度的色彩，两者之间产生强烈的明暗对比，使得文字信息更加清晰。

图10-8　明度对比

（3）纯度对比

纯度对比是指将不同纯度的颜色并列在一起，因而产生鲜艳的更加鲜艳，浑浊的更加浑浊的对比现象。纯度的差异是在各色相中加入不等量的黑、白、灰调而得到的。

在图 10-9 所示的案例中，文字和背景的色彩使用纯度较低的黑色、灰色和浅咖啡色等，高纯度的旺旺头像与其产生强烈的对比，让顾客能够直观、醒目地进行操作。

图10-9　纯度对比

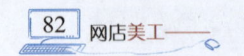

（4）面积对比

如同点的放大可以成为面并产生视觉张力一样，色彩所占面积的大小也会产生不同的视觉效果。在设计网店画面中，利用不同面积的色彩关系，有意识地使一种色彩占支配地位，能取得各种富有感染力的配色效果。

在前面色相对比的案例中，被分割的不同模块就应用了面积对比配色。在图10-10所示的案例中，大面积的紫色与小面积的蓝色形成对比，让商品的价格更加醒目和清晰，产生较大的视觉冲击力，能够取得引人注目的效果。

图10-10　面积对比

（5）冷暖对比

因色彩感觉的冷暖差异而形成的对比称为冷暖对比。在色彩的色相环中，红、橙、黄为暖色，蓝紫、蓝、蓝绿为冷色，紫、红紫、黄绿、绿为中性色，冷暖极色即冷暖最强对比，橙和蓝的对比为最强，如图10-11所示。由于冷暖色系本身的对立性区分很明显，因此在使用冷暖对比时，最好使一方为主色，另一方为辅色，互相陪衬，从而起到色彩和谐的效果。

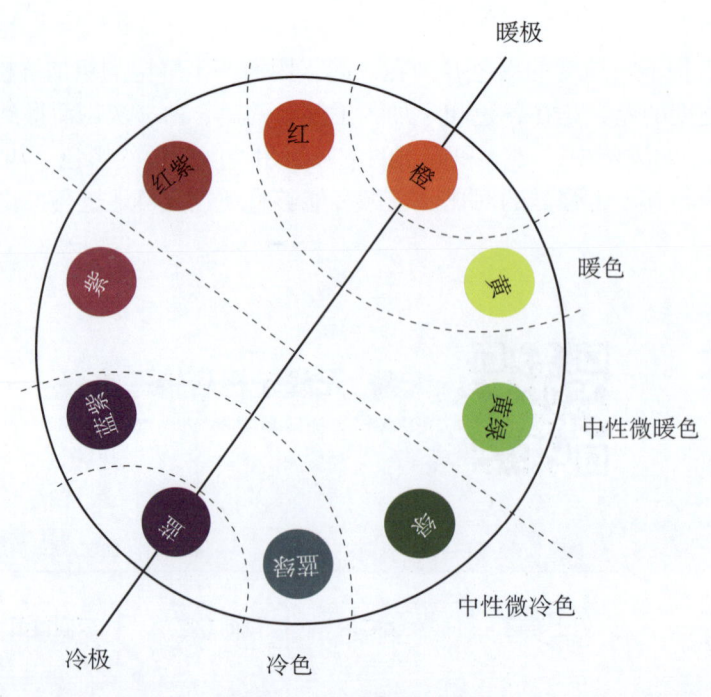

图10-11　冷暖色对比（1）

在图10-12所示的案例中，页面以蓝绿冷色作为背景色，同时搭配玫红暖色作为点缀，与背景形成强烈对比，从而突显页面的重要信息，起到引导顾客视线的作用。

2. 调和配色在网店装修中的应用

配色的目的是为了制造美的色彩组合，而和谐是色彩美的首要前提，它能满足人们视觉以及心理上的平衡。

一组色彩没有对比就失去了刺激神经的因素，但是只有对比又会造成视觉的疲劳和精神的紧张，所以色彩搭配，既需要对比来产生刺激，又需要适度的调和以达到美的享受。色彩的对比是绝对的，调和是相对的，调和是实现色彩美的手段。色彩调和与否，通常就是我们所说的放在一起"舒服不舒服"。

（1）色相一致的调和配色

色相一致的调和配色，是在保证色相大致不变的前提下，通过改变色彩的明度和纯度来达到配色的效果，这种配色方式保持了色相的一致性，所以色彩的整体效果上很容易达到调和。

在图10-13所示的案例中，文字、背景等都使用蓝绿色进行搭配，通过明度的变化使其产生强烈的差异，也使得画面配色丰富起来，表现出柔和的特性。

（2）明度一致的调和配色

明度是指色彩的明暗程度，它是决定配色的光感、明快感和心理作用的关键。根据明度的色标，可以将明度分为3个区域：高明度、中明度和低明度。高明度的色彩搭配产生的色彩对比较弱，需要在纯度和色相上进行区分，以求形成一定的节奏感；中明度的色彩搭配给人含蓄稳重的感觉，同时在稳重中彰显一种活泼的感觉；低明度的调和配色对比很弱，很容易取得调和效果。

图10-12　冷暖对比（2）

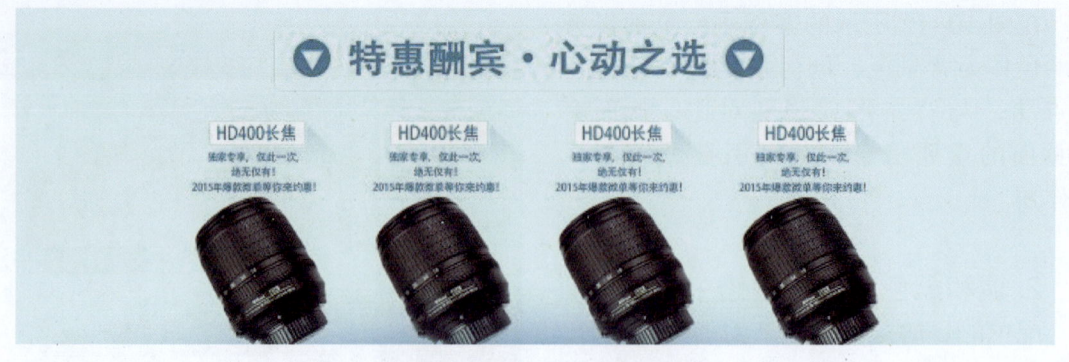

图10-13　色相一致的调和配色

在图10-14所示的案例中，文字、背景和模特的配色均为高明度调和配色，带给人清爽、亮丽、阳光感强的印象，表现出优雅、含蓄的氛围，是一组柔和、明朗的色彩组合方式，非常符合画面中女装的形象和特点。画面中通过色块和间隙来对布局进行分割，利用相同明度的不同色相完成配色，得到一种安静的视觉体验。

图10-14　明度一致的调和配色

（3）纯度一致的调和配色

色彩的纯度，也称之为饱和度，即色彩的鲜艳程度。在一组色彩中，当色彩的纯度相对一致时，色彩的搭配也就很容易地达到了调和的效果。

高纯度的几种色彩调和需要在色相和明度上进行变化，给人以鲜艳夺目、华丽而强烈的感觉；中等纯度色彩之间进行搭配时，没有高纯度色彩那样耀眼，但是会给人带来稳重大方、含蓄明快的感受，多用于表现高雅、亲切、优美的画面效果；低纯度色彩的色感比较弱，这种色彩间的搭配容易带给人平淡、陈旧的感觉。

图10-15所示的海报画面采用高纯度的色彩搭配，带来一种亮丽的感觉，使人感受到生机、活力，与活动的氛围相一致。

图10-15　纯度一致的调和配色（高纯度）

图10-16所示的是某服装网店的首页中的上方部分，画面处于一种柔和的中性纯度的色调，让人产生一种内心踏实和温馨的感觉，标题文字中的一处重色成为画面色彩最好的点缀，容易引起人们的关注。

图10-16　纯度一致的调和配色（中性纯度）

（4）无彩色的调和配色

无彩色的色彩个性不是很明显，所以它与任何色彩搭配都可以取得调和的色彩效果。可以让无彩色与无彩色搭配，传达出一种经典的永恒的美感；也可以让无彩色与彩色搭配，将其作为主要的色彩来调和色彩间的关系。

在进行网店设计的过程中，有的时候为了达到某种特殊的效果，或者突显出某个特殊的对象，会通过无彩色调和配色来对画面进行创作。

在图10-17所示的宝贝详情描述页面中，就使用了无彩色作为背景和辅助文字，其余的商品图像和主题文字使用有彩色，这样的配色让商品的细节和主题文字更加突出。

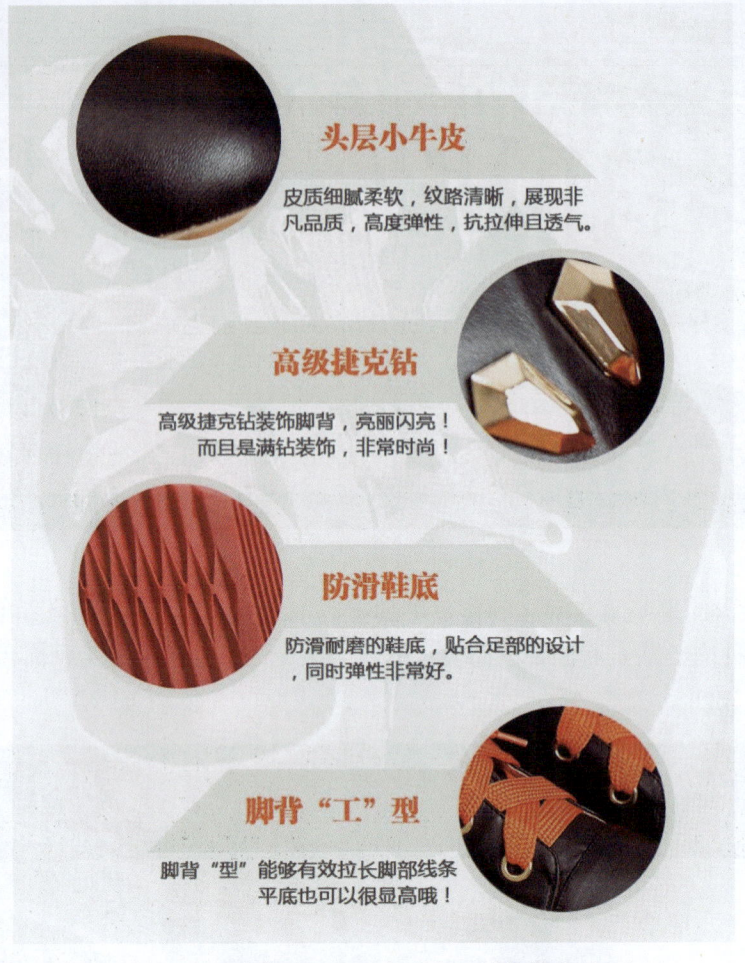

图10-17　无彩色的调和配色（宝贝详情描述页面）

图10-18所示的店铺店招和导航主要色调都使用了无彩色，提升了画面的档次，而LOGO和"首页"按钮的背景使用了红色点缀，更显个性。

图10-18　无彩色调和配色（店招和导航）

10.3　节微课二维码

10.3　文字的重要表现

在前面章节的学习过程中，我们更多的是在关注商品图片的美化处理。而其实，在网店装修画面中，文字的表现与商品展示同样重要，它可以对商品、活动、服务等信息进行及时的说明和引导，通过合理的设计和编排，让信息的传递更加精准。

1. 常见的字体风格

字体风格形式多变，不同的字体可以表现出不同的风格。计算机操作系统自带了很多字体，以不侵犯版权为前提，可以从网络上下载一些字体，同时，也可进行字体创意设计。按照字体的不同外形，常见的字体有：线形字体、书法字体、手写字体、规整字体等。

（1）线形字体

线形字体的特点是文字笔画每个部分宽窄都相等，表现出一种简洁、明快的感觉，网店装修设计中常用的线形字体有"方正细圆简体"、"幼圆"等。

在图10-19所示的画面中两处文字以纤细的线条来修饰画面中的矩形，通过线形字体与之相配，突显出文字精致、简洁的视觉效果，两者之间风格一致，给人留下明快、清爽的印象。

图10-19　线形字体

（2）书法字体

书法字体是中国独有的一种传统艺术，字体外形自由、流畅，且富有变化，笔画间会显示出洒脱和力道，是一种传神的精神境界。

图10-20所示这幅图是为七夕节设计的数码商品广告页面，为了迎合七夕节这个中国传统节日，在创作中使用了字体进行表现，展现出一种厚重的感觉。

图10-20　书法字体

（3）手写字体

手写字体（简称手写体）是指手写风格的字体，手写体的形式因人而异，带有较为强烈的个人色彩。在网店装修中使用手写体，可以表现出一种不可模仿的随意和不受局限的自由性。适当地使用手写体可以让店铺的风格表现更加淋漓尽致，但是手写体在设计中最好和其他字体搭配使用，大段使用手写体，会容易产生视觉上的审美疲劳。

图10-21所示客服区设计使用了顾客容易接受的手写体进行表现，拉近顾客与客服之间的距离，使画面更加亲切，立刻呈现出童趣十足的温馨效果。

图10-21　手写字体

（4）规整字体

利用标准、整齐外形的字体，可以表现出一种规整的感觉，这样的字体也是网店装修中常用的字体，它能够准确、直观地传递出商品或店铺的信息。在网店的版面构成中，利用规整的文字，通过调整字体间的排列间隔，结合不同长短的文字可以很好地表现出画面的节奏感，给人大气、端正的印象。

在图10-22所示的商品详情页面中就使用了工整的文字对细节进行说明，让画面信息传递更加准确、及时，同时也让画面显得饱满、张弛有度。

图10-22　规整字体

除这几种常用的字体以外,还有图形文字、花式文字、意象文字等。不论什么外形的字体,在进行网店装修的过程中,只要使用的字体与画面的风格或者想要表达的意境相同,就能获得满意的视觉效果,同时传递出文字本身所具有的准确信息。

2. 图文编排方式

在网店装修设计的过程中,为了把握好图片和文字的搭配效果,我们可以运用分割方式对图文要素进行合理的规划,并使它们之间的关系得到有效协调。根据切割走向不同,可以将图文分割划分为垂直与水平分割两种,其中垂直分割又可以分为左图右文和左文右图两种,水平分割可以分为上文下图和上图下文两种。

(1) 左图右文

在这种编排方式中,相较于文字来讲,图片拥有更强的视觉感染力,很大程度上能够使版面产生由左至右的视觉流程,正好与人们的阅读习惯相符。

图10-23所示的收藏区的页面设计,将图文分别以左右的形式排列在画面中,依次形成由左至右的阅读顺序。该排列方式不仅迎合了顾客的阅读习惯,同时还加强了商品腕表和文字在版面上的共存性。

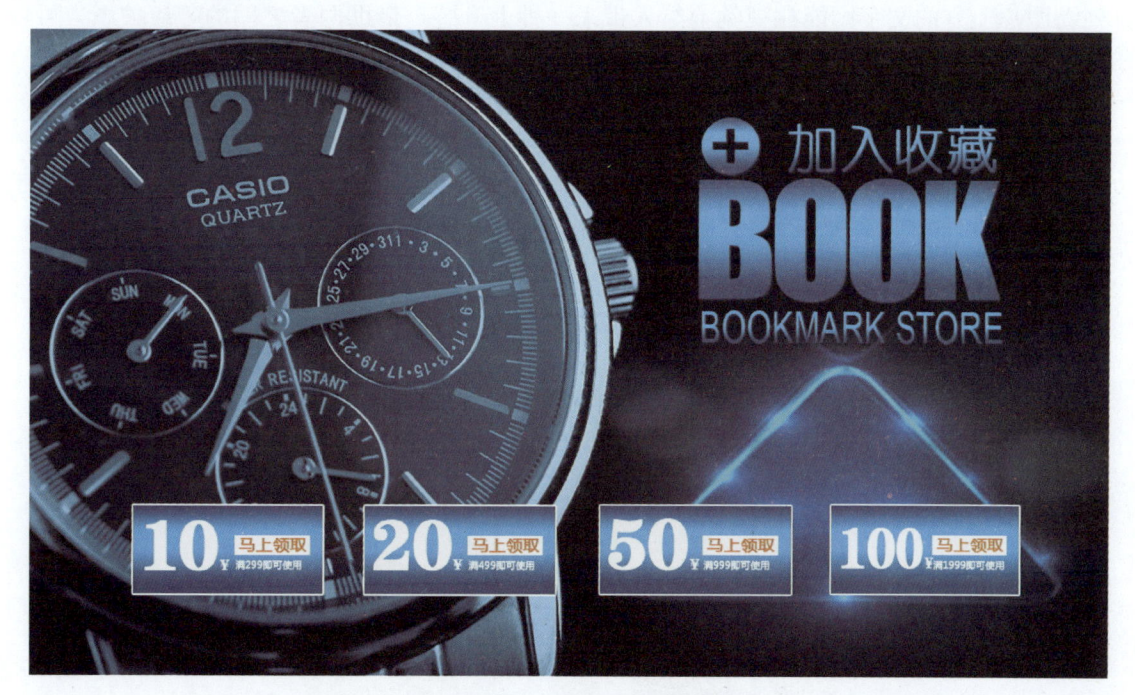

图10-23 左图右文编排方式

(2) 左文右图

左文右图的编排方式和左图右文刚好相反,它是将文字放在画面的左侧,把图片放在右侧。在实际的创作设计中,借助图片的视觉吸引力,使画面产生由右至左的视觉流程,能够在视觉上给人带来一种新奇的感觉。这种编排方式在网店装修的首页海报中十分常用。

图10-24所示是某品牌女装店铺的首页海报,设计者利用左文右图的排列方式打破了人们常规的阅读习惯,从而在视觉上形成奇特的布局样式,给观者带来深刻的印象。

图10-24　左文右图编排方式

（3）上文下图

上文下图的编排方式是将图片放在画面的下端，可以使它的视觉形象变得更沉稳，同时，排列在图片上方的文字则能在视觉上给人带来一种上升感，借助两者之间的呼应关系，可以增强版面的整体表现力。

图 10-25 所示是某品牌女式单鞋店铺首页的部分截图，设计者利用上文下图的编排方式，以加强标题文字和商品介绍文字在视觉上的表现力，并使顾客能够自然地从上到下进行阅读，提升文字的重要性。

图10-25　上文下图编排方式

（4）上图下文

上图下文和上文下图也刚好相反，在展示多种商品的编排中，基本都使用上图下文的编排方式进行设计。

图10-26所示的商品展示图中各组商品均使用上图下文的方式进行编排，以突出图片信息在视觉上的表达，同时为文字与图片选用中轴对称来进行对齐，使商品图片与文字之间的空间关联得到加强。

图10-26　上图下文编排方式

3. 字体的创意设计

为了增强网店装修页面中阅读上的可读性和趣味性，设计师们会将富有设计感的字体样式融入画面中，利用这些充满想象力的字体设计，还能起到打破传统编排在布局上的呆板感。在实际的装修过程中，我们可以通过多种方式来提升文字在结构上的设计感及设计深度。下面介绍一些典型的字体创意设计。

（1）连体字让文字整体感增强

连体字就是通过寻找单个字之间存在联系的笔画，通过特定的线条或者形状将其连接在一起，制作出自然流畅的文字效果。

图10-27和图10-28所示为网店首页中海报模块的标题文字，它们通过将部分笔画进行连接，把文字紧密联系在一起，使其呈现出一个完整的外形，更显精致与大气。

图10-27　连体字效果1

图10-28　连体字效果2

（2）立体字表现出强烈的空间感

立体字是在设计的过程中通过添加修饰形状或阴影的方式，让文字产生空间感，再经过文字色彩及明暗的调整，使得文字的立体感增强。

图10-29和图10-30所示两幅图为网店装修过程中设计的立体字效果，通过立体字的添加，让文字的表现力增强，同时也让画面的气势得到提升。

图10-29　立体字效果1

图10-30　立体字效果2

（3）利用设计元素辅助文字的表现

在网店装修的过程中，设计和制作连体字和立体字会花费较长的时间，很多时候，只要合理地运用字体的变化，以及添加恰当的元素，辅助文字的表现，也能实现很好的文字创意设计效果。

图10-31所示的文字设计就是通过添加形状、饰品等元素，使得文字的表现与主题风格一致。

图10-31　利用设计元素辅助文字表现效果1

图10-32所示的文字设计则通过添加描边、雨伞、云朵等与主题相呼应。

图10-32　利用设计元素辅助文字表现效果2

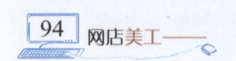

10.4 页面设计创意思维

一个网店如果想确立自己的形象,就必须具有自己店铺的个性。在页面设计中,要想吸引买家、引起买家购买的欲望,就必须依靠网店自身独特的创意。好的创意能巧妙、恰如其分地表现主题、渲染气氛,增加页面的感染力,让人过目不忘,并且能使页面具有整体协调的风格。

创意是引入入胜、精彩万分、出其不意的想法;创意是捕捉出来的点子,创作出来的奇招。创意并不是天才的灵感,而是思考的结果。创意是将现有的要素重新组合。在网店页面设计中,创意的中心任务是表现主题。因此,创意阶段的一切思考,都要围绕主题来进行。

实现广告创意的方法有很多,如直接展示法、合理夸张法、对比烘托法、富有幽默法、突出特征法、以小见大法、借用比喻法、以情托物法、悬疑安排法、选择偶像法等。

1. 直接展示法

直接展示法是一种最常见的运用十分广泛的表现手法。它将某产品或主题直接如实地展示在广告画面上。

特点:这种手法由于直接将产品推向消费者面前,所以要十分注意画面上产品的组合和展示角度,应着力突出产品的品牌和产品本身最容易打动人心的部分,运用色光和背景进行烘托,使产品置身于一个具有感染力的空间,这样才能增强广告画面的视觉冲击力。

图 10-33 所示是海清蓝女装品牌首页的全屏海报,采用的是直接展示法,从不同角度展示商品,加之以大气的背景和不同明度的衬托,更加突出主题。

图10-33 海清蓝官网旗舰店的全屏轮播海报

图 10-34 所示为 CASIO 品牌手表详情页中的部分,直接展示法是详情页中经常采用的表现手法。

图10-34　CASIO手表详情页（部分）

2. 合理夸张法

合理夸张法是借助想象，对广告作品中所宣传对象的品质或特性的某个方面进行相当明显的过分夸大，以加深或扩大这些特征的认识。

特点：通过夸张手法的运用，为广告的艺术美注入浓郁的感情色彩，使产品的特征性鲜明、突出、动人。

图10-35所示画面将数据线夸张放大，只为说明数据线的材质和拒绝缠绕的特征。

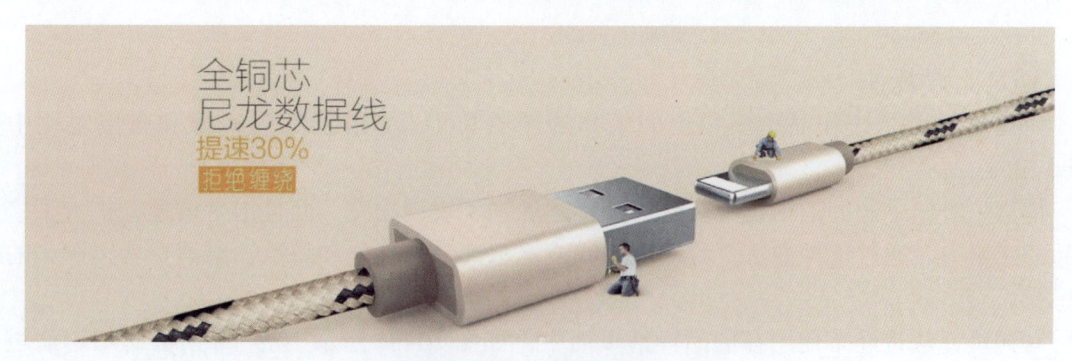

图10-35　数据线海报

在图 10-36 所示的画面中，面对油烟的种种窘态人物及油烟机的大吸力都采用了夸张的表现手法，只为突出油烟机产品的控烟特征。

图10-36 油烟机详情页（部分）

3. 对比烘托法

对比烘托法是把作品中所描绘的事物的性质和特点放在鲜明的对照和直接对比中来表现。

特点：对比手法的运用，不仅使广告主题加强了表现力度，而且饱含情趣，扩大了广告作品的感染力。通过这种方法更鲜明地强调或提示产品的性能和特点，给消费者以深刻的视觉感受。

对比烘托法也经常使用在商品详情页面中，如图 10-37 所示中的 3M 防雾霾口罩通过与普通棉质口罩的对比，更加强调突出自身的优点。

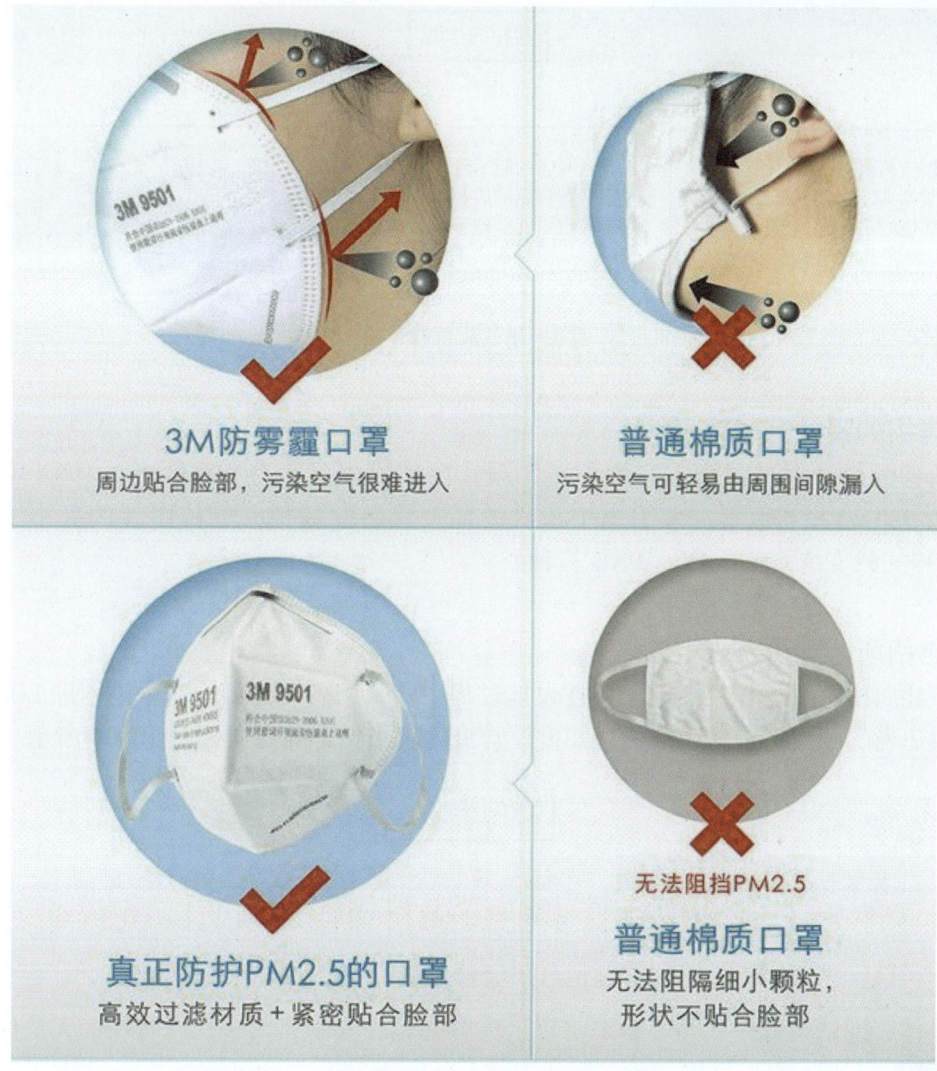

图10-37　3M防雾霾口罩

10.5 打造过目不忘的招牌——店招

　　店招即网店招牌。实体店铺基本上都有一个招牌，网店店铺也有自己的招牌。要装修好自己的店铺，首先要做一个醒目的个性化店招，店铺的装修就成功了一半。店招是店铺的一个广告牌，设计时识别性要强，同时要与店铺风格相匹配。

1. 店招的作用

　　网店店招的作用与实体店铺有一定的区别。实体店铺的店招作用往往体现在吸引顾客上，因为实体店铺的店招是直接面对人群的，而网店店招的作用主要体现在留客的环节，因为网店店招并不直接面对网络的搜索页面，只有顾客进入了店铺之后才能看到店招。

　　店招好比一个店铺的脸面，位于网店顶端位置，对店铺的发展起着较为重要的作用。其主要作用体现为以下三点，如图10-38所示。

```
                        ┌──────────────┐
                        │  店招的作用  │
                        └──────────────┘
```

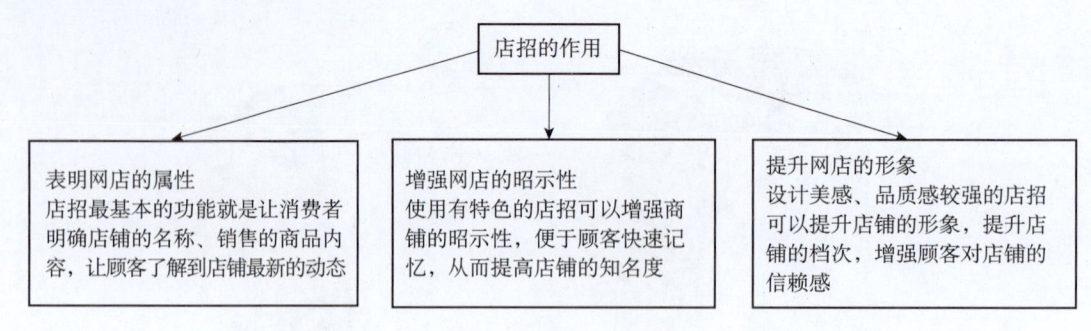

表明网店的属性	增强网店的昭示性	提升网店的形象
店招最基本的功能就是让消费者明确店铺的名称、销售的商品内容，让顾客了解到店铺最新的动态	使用有特色的店招可以增强商铺的昭示性，便于顾客快速记忆，从而提高店铺的知名度	设计美感、品质感较强的店招可以提升店铺的形象，提升店铺的档次，增强顾客对店铺的信赖感

图10-38　店招的作用

2. 店招的设计尺寸和格式

在店招的设计上，以淘宝旺铺为例，图片推荐使用尺寸为950像素×150（不含导航的尺寸为950×120）像素，大于这个尺寸的部分将会被裁掉，上传图片的大小不能超过100KB，格式只支持GIF、JPG、PNG三种。

3. 店招所包含的元素

为了让店招有特点且便于记忆，在设计过程中会采用简短醒目的广告语辅助LOGO的表现，通过适当的配图来增强店铺的认知度。常见的店招包含的元素如图10-39所示。

```
                    ┌──────────────────┐
                    │  店招包含的元素  │
                    └──────────────────┘
```

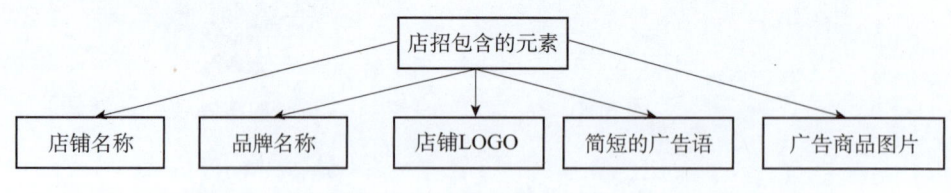

| 店铺名称 | 品牌名称 | 店铺LOGO | 简短的广告语 | 广告商品图片 |

图10-39　店招包含的元素

在具体店铺的设计中，并不是要将以上内容都包含其中，太多的内容反而无法体现核心重点。

图10-40所示是一家女装服饰旗舰店的店招，其中包含了店铺LOGO、品牌名称、广告语、活动信息和收藏店铺，为了突出品牌，店铺LOGO和品牌名称进行了独具匠心的设计，吸引顾客的眼球，给人留下深刻印象。

图10-40　熙世界店招

图10-41所示是一家销售电器的旗舰店店招。这个店招比较特殊，它和导航一起构成一个整体，店招的元素包含：店铺LOGO、店铺名称、广告语、商品促销广告。店家为了突出促销信息，把商品促销广告特意做了放大处理，让它同时占据了店招和导航的高度，把顾客的视觉吸引到这里，传递给顾客的信息就是商品促销活动。

当然，店招包含的元素也不仅仅局限于刚才我们所提及的这些，如：关键字搜索、保障服务、购物车链接等也是经常被考虑使用的元素。

图10-41　德尔玛电器旗舰店店招

店招即网店招牌，它是买家进入店铺后看到的第一印象，对店铺的发展起着十分重要的作用，我们要在小的面积内做最大化的利用。设计时要注意以下几点：

（1）店招设计要与店铺整体风格保持一致。

（2）从网店商品的品牌推广来看，店招设计要具备新颖、易于传播、便于记忆等特点。

（3）店招的视觉重点不需要太多，有1～2个就可以。

（4）店招需要突显品牌特性，让顾客一看到就知道你是销售什么的。

（5）可以根据需要适时更新店招，如果是大促销阶段可以重点突出促销信息，但是店铺品牌不能忽略。

案例：森林系女装店招设计。

10.5　节微课（案例）二维码

● 效果展示

本案例是为森林系女装设计的店招页面，效果如图10-42所示。设计中首先将画面进行合理的分配，素材图片以具有对称性的方式编排，在视觉中心位置上的主题文字则使用生动的编排方式，使其在视觉上达到一种平衡而又不呆板的状态。其次在色调上使用了代表大自然颜色的绿色色系来进行表现，给人带来充满希望而又柔和的色彩感情，让客户体会到设计所营造出来的清晰自然的气氛。

图10-42　森林女装馆店招设计效果图

● 版式设计

本案例的布局设计如图10-43所示，设计过程中将花卉图片放在画面的两侧，通过细微的差异性变化，以大概对称的方式进行设计，表现出水平对称关系，呈现出稳定、融合且丰富的视觉感受，不完全的对称让画面更显设计感和艺术感。文字部分占据画面大约三分之一的宽度，处于视觉中心位置，让顾客可以直接注意到文字信息，对店招信息的传递具有推动作用。

图10-43　森林女装馆店招版式设计

● 色彩搭配

本案例采用绿色作为主色调的邻近色进行色彩搭配，色彩统一和谐，创造出一种柔和、温馨的美感。色彩搭配具体情况如图 10-44 所示。

| R29、G139、B11 | R88、G193、B13 | R168、G220、B98 | R210、G242、B174 | R207、G218、B160 |
| C82、M31、Y100、K0 | C65、M0、Y100、K0 | C21、M0、Y73、K0 | C24、M0、Y42、K0 | C25、M9、Y45、K0 |

图10-44　森林女装馆店招色彩搭配

【操作步骤】

第 01 步：新建文档，填充背景图层颜色

新建文档，文档命令为"店招"，宽度 950 像素、高度 120 像素、分辨率 72 像素 / 英寸，设置前景色为淡绿色 RGB（228，234，198），按快捷键 Alt+Delete 填充图层，完成制作淡绿色背景。

第 02 步：添加花卉图片素材丰富背景

打开"花卉"素材，将其全选（Ctrl+A）、复制（Ctrl+C）、粘贴（Ctrl+V）到当前文档中，适当调整其位置，再适当调整图像大小和位置。为图层添加图层蒙版，单击"图层"面板中的"添加图层蒙版"按钮，使用"画笔工具"，设置前景色为黑色，不透明度为 50%，隐藏花卉部分图像，重命名图层为"花卉"。

第 03 步：复制图层，在右侧做出类似效果

复制"花卉"图层，调整图像至合适位置，同样使用"画笔工具"在花卉上涂抹。

第 04 步：添加花洒图片，进一步丰富背景

打开"花洒"素材，将其移动到当前文档中，按快捷键 Ctrl+T 自由变换图像。设置图层的不透明度为"20%"，使其与背景融合，然后重命名图层为"花洒"。

第 05 步：添加绿色圆点元素

新建"绿色圆点"图层，选择工具箱中的"画笔工具"，设置前景色为 RGB（168，220，98），不透明度为 45%。单击"切换画笔面板"按钮，在弹出的面板中进一步设置，选择"画笔笔尖形状"，设置大小"48 像素"、距离 110%。选择"形状动态"，设置大小抖动"85%"、控制"钢笔压力"，选择"散布"，设置散布 800%、数量 2。使用"画笔工具"在画面中涂抹，为画面添加绿色圆点元素，进一步丰富画面效果。

第 06 步：添加绿色树叶形状

选择工具箱中的"自定义形状工具"，在属性栏中设置填充色为 RGB（88，193，13），选择"三叶草"形状后在画面中绘制 5 个不同形状，其中形状 1、形状 2 和形状 3 设置不透明度 80%，形状 4 和形状 5 设置不透明度 20%，增强画面层次感。

第 07 步：添加店铺名称

选择工具箱中的"横排文字工具"，设置字体幼圆、字号 32 点，字体颜色 RGB（36,50,1）、加粗，设置完成后输入文字信息"森林女装馆"。添加"描边"图层样式，设置大小 3 像素、不透明度 18%、填充颜色 RGB（88，193，13）。设置图层混合模式为"颜色加深"，增强文字色彩层次感。

第 08 步：添加店铺广告语

继续使用"横排文字工具"，字号 14 点、字体颜色 RGB（29，139，11），行距 18 点，设置完成后输入文字信息"像森林一样清新，像大自然一样自然"，设置不透明度为"85%"。

第09步：添加广告语英文

再次使用"横排文字工具"，设置字体 Informal Roman、字号 18 点，字体颜色 RGB（36，50，1），设置完成后输入文字信息"As fresh as a forest, as nature as nature."；设置图层混合模式为"颜色加深"，不透明度为"75%"。

第10步：添加收藏店铺信息

选择工具箱中的"圆角矩形工具"，在属性栏设置填充为无，描边颜色为 RGB（29，139，11）、大小为 1 点、描边半径为 10 像素，完成后绘制圆角矩形，设置不透明度为"70%"，重命名图层为"圆角矩形"。选择"横排文字工具"，设置字体幼圆、字号 10 点、字体颜色 RGB（29，139，11）、加粗，输入文字和符号信息。

第11步：调整画面整体色调

在"图层"面板中单击"创建新的填充或调整图层"按钮，再选择"照片滤镜"，在弹出对话框中设置滤镜"绿"，适当调整"浓度"值，使画面色彩更加通透。

第12步：保存文件

店招制作完成，保存文档。

10.6　帮助顾客精确定位——导航条

10.6　节微课二维码

导航条平时我们非常熟悉，每一个网站都有自己的导航条。导航条同样是网店必不可少的部分，它是买家访问店铺的快速通道，可以帮助顾客方便地从一个页面转到另一个页面，查看店铺的各类商品及信息。因此，提供清晰的导航条，能保证更多店铺页面被访问，使更多的商品、活动被发现。尤其买家从宝贝详情页到其他页面，若缺乏导航条的指引，将极大影响转化率。

导航条一般固定在店招下方，尺寸为 950 像素 ×30 像素，它可以通过编辑旺铺平台中的导航模块完成设置，或者自行设计一个全新的导航条。在设计导航条的时候，要从首页装修整体风格出发，定义导航条的色彩和字体，力求和谐和统一，创作出满意的效果。

案例：森林系女装店铺导航条设计。

本案例是在森林女装馆店招的基础上设计导航条，导航条设计简洁大方、分类清晰、色彩和店招保持统一风格，效果如图 10-45 所示。

图10-45　森林女装馆导航条设计效果图

【操作步骤】

第01步：扩展画布

打开"森林女装馆"店招，选择"图像"菜单中的"画布大小"，修改高度为 150 像素，定位"向上"。

第 02 步：设置导航栏背景

选择工具箱中的"矩形选框工具"，在属性栏中设置样式"固定大小"，设置宽度为 950 像素、高度 30 像素，建立导航栏的矩形选区。选择工具箱中的"渐变工具"，选择"线性渐变"模式，在渐变编辑器中单击选择"黑白渐变"，设置黑色处色标的颜色为 RGB（168，220，98），填充矩形选区的颜色。

第 03 步：添加导航栏文字

选择工具箱中的"横排文字工具"，设置字体幼圆、字号 14 点、字体颜色 RGB（36,50,1）、加粗，设置完成后输入文字信息。添加"投影"图层样式，设置距离 1、大小 1、不透明度 32%，增强文字的立体感。

第 04 步：保存文件

导航条制作完成，保存文档。

10.7 第一印象很重要——首页欢迎模块

首页欢迎模块位于店铺导航条的下方，通常以全屏轮播海报的形式展现，它占据了首页开启时第一屏的大面积位置，设计的空间很大，对店铺形象起着第一印象的作用。通过欢迎模块可以第一时间抓住访客的注意力，因此设计必须十分讲究。

1. 欢迎模块的分类

相对店铺店招和导航条，首页欢迎模块的变化会频繁些，当店铺最近添加了新的商品时，欢迎模块内容可能会以"新品上市"为主要内容；当有重要节日时，如店庆、双 11 等，欢迎模块中的内容又会以相关的活动信息为主；当最近有重要消息时，欢迎模块可以充当公告栏的作用，如春节放假通知。

图 10-46 所示为保暖冬季被的新品上市发布会海报。

图10-46 欢迎模块——新品上市

图 10-47 所示为莹莹灯饰店三周年店庆海报。

图 10-48 所示为春节放假通知海报。

图10-47　欢迎模块——活动信息

图10-48　欢迎模块——店铺公告

2. 欢迎模块设计的前期准备

在设计欢迎模块之前，我们必须明确设计的主要内容和主题，根据设计的主题来寻找合适的创意和表现方式。设计之前应当思考这个欢迎模块画面设计的目的，明确受众顾客的类型，研究顾客最容易接受的方式是什么。最后还要对同行业、同类型的欢迎模块的设计进行研究，如图10-49所示，得出结论后才开始着手欢迎模块的设计和制作，这样创作出来的作品才更加容易被市场和顾客认可。

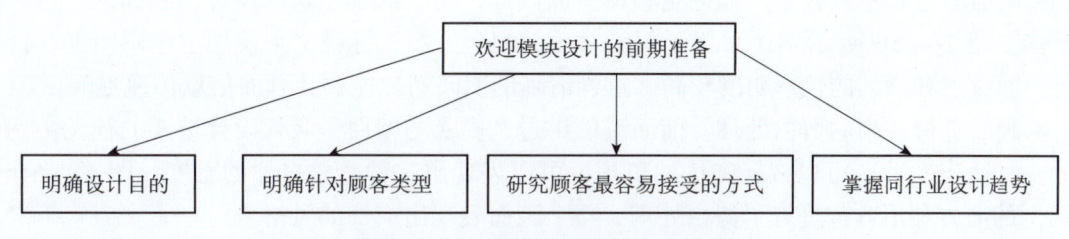

图10-49　欢迎模块设计的前期准备

前面我们曾学习过页面设计的创意思维，在创作过程中大家尤其要注重设计的创意和表达方式。

3. 欢迎模块设计的技巧

一张优秀欢迎模块页面设计，通常都具备了三个元素，那就是合理的背景、优秀的文案和醒目的产品信息。背景亮度不能太高或太复杂，如蓝天白云绿草地作背景，很可能会减弱文案及产品主题的体现；文案梳理要清晰，要知道表达的中心，主题是什么，衬托文字是哪些。

图10-50所示的欢迎模块背景绚丽多彩、梦幻时尚，首饰产品与模特照片通过柔边和不透明度处理，达到自然融合；文案重点突出新品主题，同时加以辅助文字的衬托，传递一种浪漫的气息。

图10-50　欢迎模块——新品活动

欢迎模块的设计要注意以下一些问题：

● 注意信息元素的间距。图10-50所示案例的文字内容可以分为主标题、副标题和附加内容三部分，我们可以看到文字之间的间距处理非常好，能够让顾客抓住重点，易于阅读。

● 文案的字体不能超过三种。使用不同字体的文案可以提升文本的设计感和阅读感，但是建议不要超过三种，否则画面会显得凌乱。主标题可以使用粗大的字体，副标题采用细小一些的字体。图10-50所示案例使用了3种不同的中文字体："新品惠"、"时尚珠宝"和"永恒的爱、不变的承诺"、"美好时光从相遇开始"、"马上下手、轻松抢购"。

● 画面的色彩不宜繁多。无论是整体页面设计，还是局部模块的设计，画面的色彩都不宜繁多。图10-50所示案例采用了明度对比的配色方案，标题文字使用了色彩明度较低的颜色，而背景和商品的色彩明度较高，这样清晰的明暗对比能够让画面信息传递更醒目。

● 画面进行适当的留白处理。前面我们讲过，虚实与留白是版式设计重要的视觉传达手段之一，适当的留白可以减轻阅读的负担，可以表现出一种宽松自如的态度。图10-50所示案例的上方和下方都进行了留白处理，整个画面表现出大气的风格。

● 合理布局理清设计思路。首页欢迎模块常见的布局有5种，如图10-51所示。

双栏分布：左图右文，右文左图

三栏分布：中间文字，两边图片

多栏分布：左图，右侧说明

多栏分布：两侧图片，中间说明

上下分布：上文字，下图片

图10-51　欢迎模块常见的布局

案例：首饰广告欢迎模块设计。

10.7 节微课（案例）二维码

本例是首饰广告商品展示设计的欢迎模块页面，以左中右三栏的方式进行布局，饰品图片和与模特照片自然地融合在一起，并且饰品图片稍加倾斜放置，视觉集中在画面中心的文字区域，色彩采用了明度对比的配色方案，效果如图 10-50 所示。

【操作步骤】

第 01 步：制作背景

新建一个 1920 像素 × 700 像素、分辨率 72 像素 / 英寸的文档。打开"人物"素材，将其全选（Ctrl+A）、复制（Ctrl+C）、粘贴（Ctrl+V）到当前文档中，按快捷键 Ctrl+T 自由变换图像，适当调整图像大小和位置。为图层添加图层蒙版，单击"图层"面板中的"添加图层蒙版"按钮，再选择工具箱中的"画笔工具"，设置前景色为黑色，不透明度为 60%，在图层蒙版上涂抹，隐藏人物部分图像。设置图层不透明度为 60%，重命名图层为"人物"。

第 02 步：添加商品图片

打开"首饰商品"素材，再单击"矩形选框工具"，选取商品部分图像，复制（快捷键 Ctrl+C）、粘贴（快捷键 Ctrl+V）到当前文档中，自由变换图像（快捷键 Ctrl+T），适当调整图像大小和位置。为图层添加图层蒙版，单击"图层"面板中的"添加图层蒙版"按钮，再选择工具箱中的"画笔工具"，设置前景色为黑色，在图层蒙版上涂抹，隐藏首饰商品部分图像。设置图层不透明度为75%，重命名图层为"首饰商品"。

第03步：进一步打造背景效果

打开"梦幻背景"素材，将其全选（快捷键Ctrl+A）、复制（快捷键Ctrl+C）、粘贴（快捷键Ctrl+V）到当前文档中，适当调整图像位置，设置图层不透明度为35%，重命名图层为"梦幻背景"，制作出梦幻的效果。

第04步：添加文案

选择工具箱中的"横排文字工具"，设置字体华康华综体、字号160点、字体颜色RGB（77,29,25），设置完成后输入文字信息"新品惠"。添加"渐变叠加"图层样式，选择"线性渐变"，色标设置位置及颜色值如表10-1所示。

表10-1　线性渐变色标设置位置及颜色值

位置	0%	45%	46%	100%
颜色值	RGB（90,29,28）	RGB（72,11,13）	RGB（155,83,72）	RGB（106,26,21）

设置字体黑体、字号60点、字体颜色RGB（77,29,25），设置完成后输入文字"时尚珠宝"；设置字体Road Rage、字号72点、字体颜色RGB（77,29,25）、字符间距为200，设置完成后输入文字"LOVE"。设置字体Felix Titling、字号110点、字体颜色RGB（77,29,25），设置完成后输入文字"NEW BENEFITS"。设置字体华文楷体、字号36点、字体颜色RGB（100,52,50），设置完成后输入文字"永恒的爱不变的承诺"。设置字体华文楷体、字号36点、字体颜色RGB（200,91,58），设置完成后输入文字"美好时光从相遇开始"。设置字体华文楷体、字号20点、字体颜色RGB（100,52,50），设置完成后输入文字"马上下手轻松抢购"。

第05步：添加线条

新建一图层，命名为"渐变矩形1"，选择工具箱中的"矩形选框工具"，建立矩形选区。选择工具箱中的"渐变工具"，再选择"线性渐变"模式，在渐变编辑器中选择"橙黄橙"渐变，设置色标颜色分别为RGB（232,212,185）、RGB（216,177,147）和RGB（232,212,185），填充矩形选区；自由变换图像，适当调整图像大小和位置。为图层添加图层蒙版，单击"图层"面板中的"添加图层蒙版"按钮，再选择工具箱中的"画笔工具"，设置前景色为黑色，在图层蒙版上涂抹，隐藏渐变矩形两端部分图像。选择工具箱中的"矩形工具"，在属性栏中设置填充颜色RGB（194,188,186）、无描边，绘制一矩形，按快捷键Ctrl+T自由变换图像，适当调整图像大小和位置，设置图层不透明度为"80%"，重命名图层为"渐变矩形2"。

第06步：添加心形形状

选择工具箱中的"自定义形状工具"，在属性栏中设置填充色为RGB（205,88,60），选择"红心形卡"形状后在画面中绘制三个不同大小的形状，按快捷键Ctrl+T自由变换图像，适当调整图像大小和位置；重命名图层为"红心1"、"红心2"和"红心3"。

第07步：保存文件

首页欢迎模块制作完成，保存文档。

10.8 巧用心思赢得回头客——店铺收藏区

店铺收藏区是网店装修设计中的一部分，它的添加可以有效提醒顾客对店铺进行及时收藏，以便下次再次访问，是增加顾客回头率的一项重要设计。店铺收藏数量较高的店铺，往往曝光量要比其他同行高，要火热得多。

店铺收藏区主要显示在网店的首页位置，在很多网商平台的固定区域，都会用统一的按钮或者图标对店铺收藏进行提醒，如图10-52所示为巴拉巴拉淘宝店铺首页"收藏店铺"的置顶显示效果。

10.8 节微课二维码

图10-52　巴拉巴拉淘宝店铺首页"收藏店铺"

除了平台固定区域自动产生的店铺收藏之外，我们往往还可以根据需要自行设计，如很多卖家会在自己店铺的店招中设计一个店铺收藏功能，如图10-53所示，也可以单独设计一个店铺收藏模块显示在首页或详情页的多个区域，如图10-54所示。

图10-53　店招中设计"收藏店铺"

图10-54　手表店铺收藏区设计效果图

案例：手表店铺收藏区设计。

- 效果展示

本案例效果如图10-54所示，这是一个将收藏功能和产品广告信息结合在一起的手表海报，这是收藏区设计常用的一种方法，可以达到推销商品和提高收藏的双重目的。

- 版式设计

本案例的版式设计接近于左图右文的两栏布局方式，商品放在画面的左侧，收藏文字位于画面右侧，优惠券的信息排列在画面的下方位置，如图10-55所示。

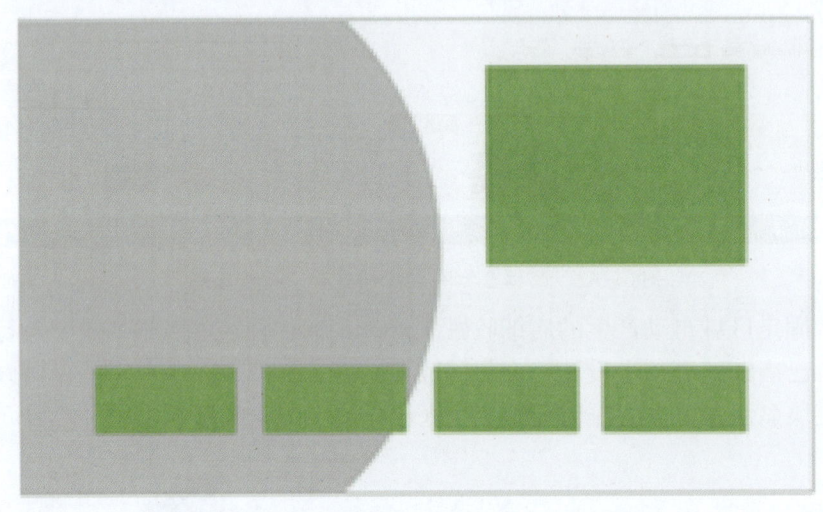

图10-55　手表店铺收藏区版式设计效果图

- 色彩搭配

本案例整个海报使用蓝色将画面营造出一种双色调的效果，蓝色是冷色调的代表，也具有理智和权威性象征，这样的配色与手表产品形象更贴合。画面的背景使用蓝色的荧光，表现出一定的空间感，也让画面的质感和内容更加丰富，在较暗的环境下突显出商品的材质，显得和谐而上档次。色彩搭配具体情况如图10-56所示。

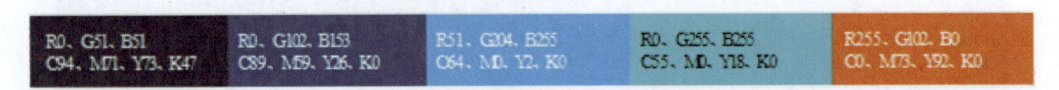

| R0、G51、B51 | R0、G102、B153 | R51、G204、B255 | R0、G255、B255 | R255、G102、B0 |
| C94、M71、Y73、K47 | C89、M59、Y26、K0 | C64、M0、Y2、K0 | C55、M0、Y18、K0 | C0、M73、Y92、K0 |

图10-56　手表店铺收藏区色彩搭配

【操作步骤】

第01步：制作背景

新建一个950像素×600像素、分辨率72像素/英寸的文档，填充背景颜色为黑色。打开"光晕"素材，将其全选（快捷键Ctrl+A）、复制（快捷键Ctrl+C）、粘贴（快捷键Ctrl+V）到当前文档中，按快捷键Ctrl+T自由变换图像，适当调整图像大小和位置；重命名图层为"光晕"。

第02步：添加手表素材

打开"手表"素材，将其全选（快捷键Ctrl+A）、复制（快捷键Ctrl+C）、粘贴（快捷键Ctrl+V）到当前文档中，自由变换图像。适当调整图像大小和位置。设置图层混合模式为"浅色"，重命名图层为"手表"。使用工具箱中的"套索工具"创建手表大致轮廓的选区。单击"图层"面板中的"创建新的填充或调整图层"，选择"黑白"，勾选"色调"选项，设置颜色

RGB（0，102，153），手表图像被调整为蓝色调。

第 03 步：制作优惠券

创建图层组，命名为"10元优惠券"。使用工具箱中的"矩形工具"绘制一个矩形，添加"描边"图层样式，大小 2、填充颜色为白色。添加"渐变叠加"图层样式，选择"线性"渐变，在渐变编辑器中选择"橙黄橙"渐变，设置色标颜色分别为 RGB（0，102，153）、RGB（51，204，255）、RGB（0，102，153）。使用工具箱中的"横排文字工具"，设置字体 Times New Roman、字号 48 点、字体颜色白色、加粗，设置完成后输入数字"10"。修改字体号为 18 点、输入符号"￥"。设置字体微软雅黑、字号 12 点、字体颜色白色，设置完成后输入文字"满 299 元使用"。使用工具箱中的"矩形工具"绘制白色矩形，使用"横排文字工具"，设置字体微软雅黑、字号 16 点、字体颜色 RGB（255，102，0）、加粗，设置完成后输入文字"马上领取"。调整矩形大小、矩形和文字的位置。复制出 3 个图层组，分别命名为"20 元优惠券"、"50 元优惠券"和"100 元优惠券"，修改图层组中需要修改的文字信息，调整 4 个图层组的位置。

第 04 步：添加画面右侧文案

使用工具箱中的"横排文字工具"，设置字体 Impact、字号 140 点、字体颜色白色、加粗，设置完成后输入文字"BOOK"。设置"渐变叠加"图层样式，选择"线性"渐变，在渐变编辑器中选择"橙黄橙"渐变，设置色标颜色分别为 RGB（0，102，153）、RGB（51，204，255）、和 RGB（0，102，153），适当调整其位置。设置字体为 Arial、字号 36 点、字符间距 -100、字体颜色白色、加粗，设置完成后输入文字"BOOKMARK STORE"，复制文字"BOOK"的图层样式。设置字体为黑体、字号 48 点、字体颜色白色、加粗，设置完成后输入文字"加入收藏"，复制文字"BOOK"的图层样式。

第 05 步：绘制形状

使用工具箱中的"自定义形状工具"，选择"添加"形状后在画面中进行绘制，大小适当。复制文字"BOOK"的图层样式，重命名图层为"添加形状"。

第 06 步：保存文件

手表店铺收藏区制作完成，保存文档。

图 10-57　侧边栏客服区

10.9　为顾客答疑解惑——客服区

网店的客服和实体店铺中的售货员功能是一样的，存在的目的是为顾客答疑解惑，不同的是网店的客服是通过聊天软件与顾客进行交流的，如淘宝网客服就是通过阿里软件提供给掌柜的在线客户服务系统建立与顾客的联系。

一般网店平台都会在店铺首页统一定制客服的联系图标，便于对顾客形成固定思维，当然仅靠这样一种形式是不够的。为了突显出店铺的专业性和服务品质，在首页的多个区域可添加客服，以便顾客可以及时联系工作人员。图 10-57 所示为侧边栏的客服区。

图 10-58 和图 10-59 分别为横向的客服区、集其他功能与一体的客服区。

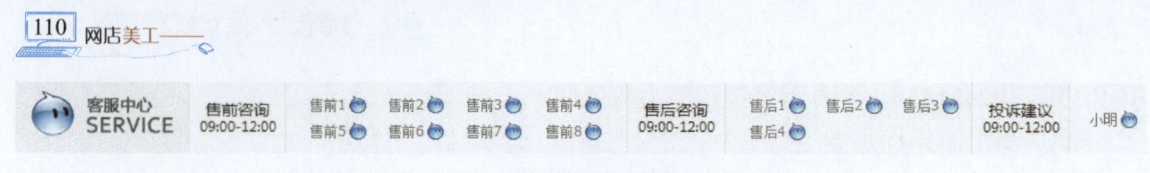

图10-58 横向客服区

图10-59 集其他功能与一体的客服区

案例：可爱风格客服区设计。

- 效果展示

本案例是为某店铺设计的客服区，在设计中使用了大量外形可爱的字体，以及俏皮可爱的卡通形象，能够更好地拉近与客服的距离，显得亲近、自然。效果如图10-60所示。

图10-60 可爱风格客服区设计效果图

- 版式设计

本案例在版式布局中将画面分为上下两个区域，上半部分为图像，下半部分为客服，标题式的分布方式让功能分布非常清晰，如图10-61所示。

- 色彩搭配

本案例的画面中使用了多种色相、纯度高、明度适中的色彩，营造出鲜艳、活泼的视觉效果，给人带来愉快的心情。色彩搭配具体情况如图10-62所示。

【操作步骤】

第01步：制作背景

新建一个950像素×550像素、分辨率72像素/英寸的文档；填充背景颜色为RGB（222，222，222）。

图10-61 可爱风格客服区版式设计

R0、G153、B204	R153、G204、B51	R255、G204、B153	R255、G124、B128	R255、G102、B102
C78、M28、Y14、K0	C48、M3、Y91、K0	C1、M28、Y42、K0	C0、M66、Y37、K0	C0、M74、Y49、K0

图10-62 可爱风格客服区色彩搭配

第02步：添加卡通形象素材

使用工具箱中的"矩形工具"，绘制一个宽950像素、高300像素的矩形，重命名图层为"矩形"。打开"卡通"素材，将其全选（快捷键Ctrl+A）、复制（快捷键Ctrl+C）、粘贴（快捷键Ctrl+V）到当前文档中，按快捷键Ctrl+T自由变换图像，适当调整图像大小和位置，创建剪贴蒙版，用来控制图像的显示，重命名图层为"卡通形象"。

第03步：添加标题文字

选择工具箱中的"横排文字工具"，设置字体方正喵呜体、字号36点，黑色字体，设置完成后输入文字"双11已经开始，旺旺已经爆掉啦！强烈推荐您自助购物！"。添加"描边"图层样式，描边大小3像素、位置"外部"、不透明度50%、颜色RGB（255，204，153）。添加"渐变叠加"图层样式，选择"线性"渐变，在渐变编辑器中选择"黑白"渐变，设置色标颜色分别为RGB（255，102，102）和RGB（255，124，128）。

第04步：继续添加文字

继续使用"横排文字工具"，设置字体方正喵呜体、字号36点，输入文字"专业客服顾问为您服务！即可咨询！"。设置"专业"和"为您服务！"的字体颜色为RGB（153，204，51），其余字体颜色为RGB（255，124，128）。添加"描边"图层样式，描边大小3像素、位置"外部"、不透明度50%、颜色RGB（255，204，153）。添加"投影"图层样式，不透明度60%、距离5像素、大小1像素、颜色RGB（106，65，20），增加文字的立体感。

第05步：添加旺旺图标

打开"旺旺图标"素材，移动旺旺图标到当前文档中，适当调整图像大小和位置，命名图层为"售前旺旺图标"。复制一个图层，调整图像位置，命名图层为"售后旺旺图标"。使用"横排文字工具"，设置字体方正喵呜体、字号17点、颜色RGB（106，65，20），输入文字"售前咨询:"，添加"投影"图层样式，不透明度35%、距离1像素、大小1像素、颜色RGB（0，

0，0），调整文字至合适的位置；复制出一个图层，修改文字为"售后咨询："，重命名图层为"售后咨询"，调整文字至合适的位置。

第06步：添加旺旺头像

打开"旺旺头像"素材，移动旺旺头像到当前文档中，适当调整图像大小和位置，命名图层为"售前头像"。

第07步：微调各设计元素

最后使用工具箱中的"移动工具"对各设计元素进行适当地微调。

第08步：保存文件

可爱风格客服区制作完成，保存文档。

10.10 商品宝贝发布会——商品展示区

商品宝贝展示区一般位于首页的中间区域，占据首页的大部分区域。商品展示在店铺装修中起到支撑店面的作用，买家进店最关注的当然是商品，不论是新品上架，还是特价包邮，店铺中都必须添加宝贝的信息。商品展示区一方面是为了宣传，提高顾客的购买欲；另一方面则是让整个店铺看起来更加生动精美。将宝贝以最好的状态展示出来，就犹如开了个商品发布会，它就是店面的亮点。

宝贝展示图的设计主要可分为两种。

1. 并列展示

在淘宝网中，大多商品都以这种并列展示的方式最大限度地展示商品，而店铺整体也会显得整洁干净。图10-63所示为我爱厨房DIY店铺的部分商品展示区。图10-64所示为一贝皇城旗舰店的部分商品展示区。

图10-63 我爱厨房DIY店铺部分商品展示区

图10-64　一贝皇城旗舰店的部分商品展示区

2. 错落有致

错开的排列方式并不是按规则的上下左右并列的方式来展示宝贝，买家在浏览商品信息时眼睛也是跳跃的，因此该方式可以缓解视觉疲劳，如图10-65所示。这种排列展示方式可以给人一种商品琳琅满目的感觉，但是若处理不当，会使得整个页面杂乱拥挤。

图10-65　茵蔓旗舰店的部分商品展示区

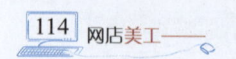

案例：欧式风格商品展示区设计。

- 效果展示

本案例是为某墙纸店铺设计的商品展示区，整个画面给人以静谧、温馨、时尚的感觉，不同色相的商品宝贝图片，尽显高雅的欧式风格。效果如图10-66所示。

图10-66 欧式风格商品展示区效果图

- 版式设计

本案例在版式设计上利用递增的方式布局上下两行的商品数量，既错落有致，又实现很好的过渡效果，表现出一种安静而稳定的视觉感受，如图10-67所示。

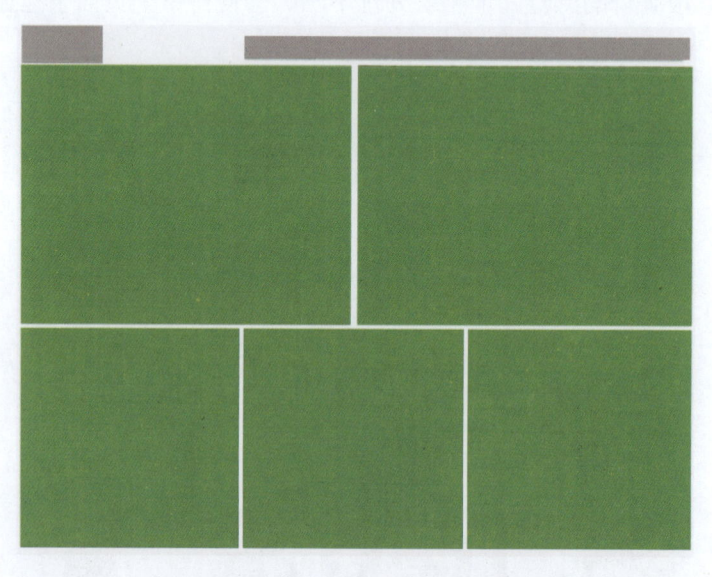

图10-67 欧式风格商品展示区版式设计

- 色彩搭配

本案例由于商品宝贝图片色彩的丰富性，背景配色以淡弱的朴素色为主，与首页风格一致，商品宝贝处的按钮采用明度和纯度较高的暖色，激发顾客进一步浏览商品详情的欲望。色彩搭配具体情况如图10-68所示。

R255、G255、B255	R177、G180、B182	R118、G161、B145	R194、G18、B9	R234、G120、B38
C0、M0、Y0、K0	C36、M27、Y25、K0	C59、M27、Y47、K0	C31、M100、Y100、K1	C9、M65、Y87、K0

图10-68　欧式风格商品展示区色彩搭配

【操作步骤】

第01步：新建文档

新建一个950像素×800像素、分辨率72像素/英寸的文档，填充背景颜色为白色。

第02步：新建参考线

在水平方向65像素、425像素、431像素、737像素处分别添加参考线。在垂直方向10像素、316像素、322像素、470像素、480像素、628像素、634像素、940像素处分别添加参考线，辅助页面各元素布局。

第03步：输入展示区标题文字

选择工具箱中的"横排文字工具"，设置字体方正正准黑简体、大小24点、颜色RGB（76，77，75），输入文字"经典专区"。设置字体Book Antiqua、大小9点、颜色RGB（76，77，75），输入文字"CLASSICAL AREA"，适当调整文字位置。

第04步：绘制线条

选择工具箱中的"矩形工具"，设置填充颜色RGB（76，77，75），绘制一宽度2像素、高度40像素的线条，放置在标题文字的右侧，图层命令为"线条"。

第04步：制作分类区

新建一图层，命名为"渐变矩形1"。选择工具箱中的"矩形选框工具"，建立宽100像素、高30像素的选区，用任意颜色填充。添加"渐变叠加"图层样式，"线性"渐变，在渐变编辑器中选择"橙黄橙"渐变，设置色标颜色分别为RGB（64，131，94）、RGB（119，172，152）和RGB（64，131，94），角度0度。添加"投影"图层样式，颜色黑色、距离1像素、扩展0%、大小5像素。复制图层，命名为"渐变矩形2"。修改"渐变叠加"图层样式，在渐变编辑器中选择"橙黄橙"渐变，设置色标颜色分别为RGB（119，172，152）、RGB（141，168，158）和RGB（119，172，152）。同样复制出和渐变矩形2相同的4个图层，分别命名为"渐变矩形3"、"渐变矩形4"、"渐变矩形5"和"渐变矩形6"，水平排列分类区。选择"横排文字工具"，设置字体微软雅黑、大小14点、颜色RGB（0，0，0），在第一个矩形中输入文字"经典专区"，修改字体颜色RGB（255，255，255），分别在其他矩形中输入文字"欧式专区"、"简约专区"、"田园专区"、"儿童专区"和"中式专区"。

第05步：布局各商品宝贝

打开"款式1"素材，将其全选、复制、粘贴到当前文档中，自由变换图像，锁定纵横比，调整宽度为460像素，移动至合适的位置，重命名图层为"款式1"。同样的方法将"款式2"、"款式3"、"款式4"、"款式5"素材加入到当前文档当中，其中调整款式2图像的宽度为460像素，款式3、款式4和款式5图像的宽度为306像素。

第06步：为商品宝贝添加文案

选择工具箱中的"矩形选框工具"，建立宽460像素、高30像素的选区，使用颜色RGB（94，99，105）填充，设置图层不透明度为50%，图层混合模式为"正片叠底"，调整其到"款式1"图像的底部区域，为文案的添加完成背景的设置。选择工具箱中的"横排文字工具"，设置字体方正正准黑简体、大小14点、颜色RGB（255，255，255），输入文字"简约时尚素色无纺布壁纸"。同理，完成其他商品宝贝文案的添加。

第07步：添加按钮

打开"按钮"素材，将其全选、复制、粘贴到当前文档中，自由变换图像，移动到"款式1"商品宝贝图像文案的右侧。同理，完成其他4个按钮的添加。

第08步：保存文件

欧式风格商品展示区制作完成，保存文档。

10.11 体现宝贝的专业品质——宝贝详情描述

当顾客在浏览店铺的过程中对某件商品感兴趣时，就会进入浏览宝贝详情描述页面。宝贝详情描述页是最容易与用户产生交集共鸣的页面，对用户的购买行为产生直接的影响，是决定店铺成交量、转化率的关键因素。

1. 宝贝详情描述页面设计内容

宝贝详情描述是指网络电子商务平台中对所售商品以图片、文字、视频等各种手段进行展示的表现形式。简单地说，好的详情页就是转化高的详情页。买家想知道关于产品的一切信息都能够在详情页中找到，要让买家拿出看悬疑剧的瘾头来看详情页，而且要让买家欲罢不能。好的详情页是让买家不用咨询客服，没有任何顾虑下单完成转化。

（1）商品主图

商品主图位于宝贝详情页面左上方位置，呈一个正方形区域，如图10-69所示。宝贝主图不能超过3MB，如果上传图片的宽度和高度超过700像素则系统会自动提供放大镜功能。

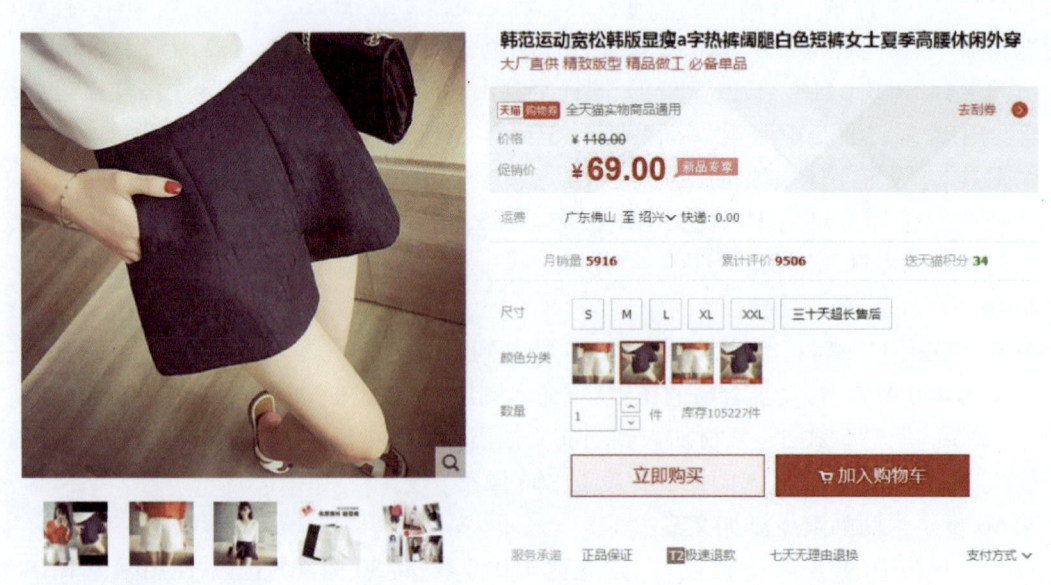

图10-69　商品主图

（2）商品详情

商品详情是对商品的款式、材质、尺寸、细节、使用方法等进行展示，同时，有的卖家为了拉动店铺内其他商品的销售，或者提升店铺的品牌形象，还会在宝贝详情页面中添加搭配套餐、公司简介等信息，以此来树立和创建商品的形象，提升顾客的购买欲望。如图10-70所示为优贝宜某产品的部分商品详情页面。

宝贝详情图的宽度是750像素，高度不限。通常会采用标题栏的表现形式对页面中各组信息的内容进行分组，便于顾客阅读和理解，并掌握所需的商品信息。

淘宝尺码	商品尺寸:以下是抽样手工测量尺寸(单位cm),误差1-2CM							
	肩宽	胸围	袖长	臀围	肩到肯	肩到脚	建议身高
66cm(6M)	24	29.5*2	26.5	34*2	38	52	59-66(3-6个月)
73cm(12M)	27	31.5*2	27.5	37*2	40	59	66-73(6-12个月)
80cm(18M)	27.5	32*2	30	38*2	41	61.5	73-80(12-18个月)
90cm(24M)	28	32.5*2	31.5	39*2	45	67	80-90(18-24个月)

【尺寸丈量方法】

图10-70　优贝宜某产品的部分商品详情页面

2. 商品详情设计思路

（1）设计前提

宝贝详情的设计要与宝贝主图、宝贝标题相契合，宝贝详情必须真实地介绍宝贝的属性。假如我们在主图或者标题里写的是韩版女装，但是宝贝详情中写的却是欧美风格，顾客一看就会对商品产生严重质疑。

（2）设计前的准备

- 市场调查及分析。设计宝贝详情页之前要充分进行市场调查，同行业调查，规避同款。同时也要做好消费者调查，分析消费者的消费能力，消费的喜好，以及顾客购买所在意的问题等。如何做市场调查呢？市场调查可以借助阿里指数、数据雷达等工具。如何了解消费者最在意的问题？可以去宝贝评价里面找，在买家评价中可以挖出很多有价值的东西，了解买家的需求，购买后遇到的问题等。

- 商品宝贝定位。根据市场调查结果和自己店铺产品，确定店铺的消费群体。假如同样是卖女装裙子，200元以内的可以定位为低端产品，衣服的品质保障相对较低；200～500元的可以定位于中端产品，产品性价比较高；500元以上的，可以定位为高端产品，卖的是品牌和服务。

- 挖掘宝贝亮点。针对消费群体挖掘出本店的宝贝卖点。

> **案例**：一家卖键盘膜的店铺发现评价中差评很多，大多是抱怨键盘膜太薄，一般的掌柜可能下次直接进厚一点的货再卖。而这家掌柜则直接把描述中的卖点改为史上最薄的键盘膜！结果出乎意料，评分直线上升，评价中都是关于键盘膜真的好薄之类的评语！直接引导并改变了消费者的心理期望达到非常良好的效果。

关于宝贝卖点的范围非常广泛，比如：卖价格、卖款式、卖文化、卖感觉、卖服务、卖特色、卖品质、卖人气等。

- 设计元素。根据消费者分析、宝贝风格的定位以及自身产品卖点的提炼，开始准备所用的设计素材。设计的元素主要包括：配色、字体、文案、构图、排版、氛围等。

（3）商品详情构成框架

详情页的描述基本遵循以下顺序：①引发兴趣；②激发潜在需求；③赢得消费信任；④替客户做决定。

一个成功的宝贝详情页面，就是让顾客在短暂的停留时间里面，产生购买商品的欲望，并且提升店铺的转化率。常见的宝贝详情描述页构成框架为：页面上半部分诉说产品价值，后半部分培养顾客的消费信任感。接下来我们以服饰类商品为例，对宝贝详情页面的整体框架排序进行讲解，如表10-2所示。

详情页设计完成之后需要配合分析询单率、停留时间、转化率、访问深度等数据进行不断地优化，上面的宝贝详情页框架只是给大家提供一个参考，不同行业要不同对待。详情页的设计宗旨是让顾客对商品产生兴趣，提升店铺的转化率。

表10-2 服饰类商品宝贝详情页面整体框架排序

创意海报大图	创意海报大图能第一时间吸引顾客的注意力，这是商品展示的第一步
宝贝卖点展示：特征→卖点→作用	FAB是销售中常用的技巧，它达到的效果就是让顾客相信你的是最好的。根据FAB法则，宝贝的卖点依次排序为：Feature（特征）、Advantage（作用）和Benefit（好处）。 Feature（特征）：产品的品质，即指服装布料、设计的特点。如一件红色T恤的红色就是一个特征。 Advantage（作用）：从特征引发的用途。红色T恤的作用是颜色鲜艳。 Benefit（好处）：作用带给客户的利益。红色T恤的好处是穿起来显得特别有精神
宝贝规格参数	宝贝的可视化尺寸设计，可以采用实物与宝贝对比，让顾客切身体验到宝贝实际尺寸，以免收货时低于心理预期
宝贝全方位展示	宝贝展示以主推颜色为主，服装类宝贝建议提供模特的三围身高信息，同时可放置一些买家真人秀的模块，目的是拉近与消费者的距离，让买家了解衣服是否适合自己
宝贝细节展示	细节阐述比较考验设计师的水平，同行产品之间的相互比较、局部区域的重点展示能剖析出商品的特点，加深顾客对宝贝的了解，但不要过度吹嘘。细节图片要清晰富有质感
售后保障服务	售后就是解决顾客已知和未知的各种问题，在完成产品的完整展示之后，加入保障元素，可进一步提升顾客对于店铺商品的信息和信赖
物流及包装	网店的商品传递是通过物流来实现的，商品的包装也是物流过程中的一个重要影响因素。好的包装和物流，会提升店铺的服务品质
品牌实力展示	产品资历证书、品牌认证、实体店面、生产车间等品牌实力的展示，能画龙点睛地营造出品牌的价值，加深顾客对商品的记忆，提高二次购买率

案例：现代时尚风格宝贝详情描述设计。

10.11 节微课（案例）二维码

● 效果展示

本案例是为某家具品牌设计的部分详情页面，通过图片并配以文字说明来展示家具的特点和功能，让顾客能够全方位、清晰地认识到商品的细节，如图10-71所示。

● 版式设计

本案例在版式设计中使用了居中和对称的方式搭配安排画面元素，画面信息整齐，让顾客视线更加集中，也符合人们浏览的视觉习惯。画面中使用标题栏对信息进行分组，布局清晰而富有节奏，如图10-72所示。

● 色彩搭配

本案例的画面配色以灰色调为主，给人以一种安静的感觉。为突出标题栏文字信息，使用了鲜艳的红色作为背景，视觉上非常醒目，起到很好的提示作用。色彩搭配具体情况如图10-73所示。

图10-71 现代时尚风格宝贝详情描述设计效果图

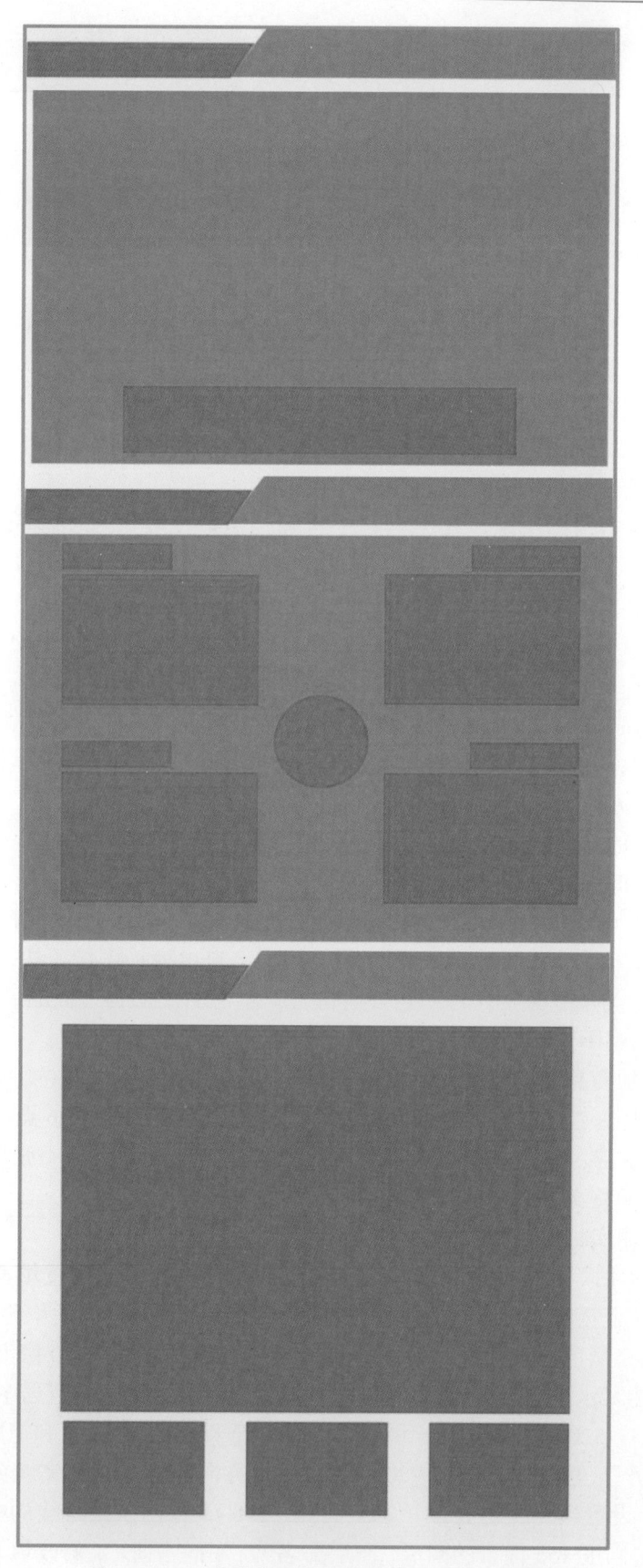

图10-72　现代时尚风格宝贝详情描述版式设计

R248、G248、B248	R211、G210、B210	R153、G148、B143	R63、G56、B45	R248、G20、B39
C3、M3、Y3、K0	C20、M16、Y15、K0	C47、M40、Y40、K0	C73、M71、Y49、K44	C0、M96、Y82、K0

图10-73　色彩搭配

【操作步骤】

第01步：新建文档

新建一个750像素×2000像素、分辨率72像素/英寸的文档，填充背景颜色为白色。

第02步：新建参考线

在水平方向65像素、80像素、565像素、580像素、645像素、660像素、1180像素、1195像素、1260像素、1275像素、1955像素处分别建立参考线。

第03步：建立图层组

为了便于图层管理，建立"商品展示"、"商品实拍"和"商品尺寸"3个图层组。

第04步：制作标题栏

选择"商品展示"图层组，在工具箱中选择"矩形工具"，设置填充颜色RGB（249，25，55），绘制一个宽度750像素、高度45像素的矩形，移动至合适位置，图层命令为"标题栏红色矩形"。新建一图层，命名为"标题栏多边形"。选择工具箱中的"多边形套索工具"，绘制一多边形选区，填充颜色为RGB（223，223，223）。选择工具箱中的"横排文字工具"，设置字体微软雅黑、大小30点、颜色RGB（255，255，255），输入文字"商品展示"。设置字体Times New Roman、大小14点、输入文字"GOODS DISPLAY"。移动文字至合适的位置。选择前面4个图层，分别复制到"商品实拍"和"商品尺寸"图层组中，移动对象至合适的位置；修改"商品实拍"图层组中的文字信息为"商品实拍"和"REAL GOODS"。修改"商品尺寸"图层组中的文字信息为"商品尺寸"和"GOODS SIZE"。

第05步：添加商品展示模块图片素材

选择"商品展示"图层组，打开"商品展示"素材，将其全选（快捷键Ctrl+A）、复制（快捷键Ctrl+C）、粘贴（快捷键Ctrl+V）到当前文档中，自由变换图像（快捷键Ctrl+T），锁定纵横比，调整宽度为750像素，移动至合适位置，重命名图层为"商品展示图"。添加曲线调整图层，适当调整图像的亮度。

第06步：添加商品展示模块文字信息

选择工具箱中的"横排文字工具"，设置字体华文新魏、大小26点、颜色RGB（255，255，255），输入文字"生活不将就，我们的生活有讲究"和"选择一张好沙发，就是选择一种生活态度"，调整文字至合适的位置。

第07步：商品实拍模块背景设置

选择"商品实拍"图层组，选择工具箱中的"矩形工具"，设置填充颜色RGB（212，212，212），绘制一个宽度750像素、高度520像素的矩形，移动至合适位置，图层命令为"矩形背景"。修改填充颜色为RGB（255，255，255），绘制一个宽度750像素、高度10像素的矩形，图层命令为"水平矩形"，设置和矩形背景的对齐方式为"垂直居中对齐"。绘制一个宽度10像素、高度520像素的矩形，图层命令为"垂直矩形"，设置和矩形背景的对齐方式为"水平居中对齐"。建立水平方向920像素、垂直方向50%的两条参考线，选择工具箱中的"椭圆工具"，设置填充颜色RGB（255，255，255），以两条参考线的中心为起点绘制一个宽度155像素、高度155像素的圆形，图层命名为"白色圆形"，修改填充颜色RGB（212，

212，212），接着再绘制一个宽度 135 像素、高度 135 像素的圆形，图层命名为"灰色圆形"。

第 08 步：添加商品实拍模块图片素材

打开"商品实拍 1"、"商品实拍 2"、"商品实拍 3"、"商品实拍 4"和"照相机"素材，分别将这些素材添加到当前文档中，适当调整大小和位置，分别重命名图层为"3 人位"、"贵妃躺"、"单人位"、"沙发几"和"商品实拍"。建立照相机的选区，设置前景色为（137，139，142），重新填充照相机颜色。

第 09 步：添加商品实拍模块文字信息

选择"横排文字工具"，设置字体微软雅黑、大小 18 点、颜色 RGB（73，70，70），输入文字"可组合式 3 人位"、"可组合式贵妃躺"、"搭配单人位"、"搭配沙发几"和"商品实拍"，调整文字至合适的位置。

第 10 步：商品尺寸模块背景设置

选择"商品尺寸"图层组，选择工具箱中的"矩形工具"，设置填充颜色 RGB（245，241，240），绘制一个宽度 750 像素、高度 680 像素的矩形，移动至合适位置，图层命令为"背景矩形"。

第 11 步：添加商品尺寸模块图片素材

打开"手绘 1"、"手绘 2"、"手绘 3"、"靠枕 1"、"靠枕 2"和"靠枕 3"素材，分别将这些素材添加到当前文档中，适当调整大小和位置，分别重命名图层为"3 人位手绘"、"单人位手绘"、"沙发几手绘"、"花色靠枕"、"单色靠枕"和"条纹靠枕"。

第 11 步：添加商品尺寸模块尺寸信息

选择工具箱中的"直线工具"，设置填充颜色 RGB（51，50，50）、粗细 1 像素，绘制用来标注尺寸的线条，选择"横排文字工具"，设置字体微软雅黑、大小 10 点、颜色 RGB（51，50，50），按照效果图所示输入表示尺寸的文字。

第 12 步：保存文件

现代时尚风格宝贝详情描述制作完成，保存文档。

本章小结

本章从页面装修定位和页面核心模块装修设计两大方面介绍如何进行店铺的精致装修。页面装修主要从页面版式布局设计、页面色彩搭配、文字的重要表现和页面设计创意思维 4 个方面进行定位。页面装修核心模块设计主要包括：店招、导航条、首页欢迎模块、店铺收藏区、客服区、商品展示区、宝贝详情描述等。为后续店铺整店装修打下了扎实的基础。

本章习题

选择题

1. 以下（　　）无法实现让页面更生动的排版。

A．根据产品的特点，来调整模块的长度和高度，让它有次序和规律地进行错位

B．加入一些随意的手写风格

C. 旋转一下图片的位置，使用大胆的色彩对比

D. 无序的排列打乱正常规律

2. 为了做到让产品图片会说话，以下（　　）种方法不适合采用。

A. 背景要突出产品　　　　　　　　B. 物品多角度展示

C. 重点细节给予特写　　　　　　　D. 减少道具

3. 下列（　　）种字体比较适合儿童的视觉感受。

A. 黑体　　　　B. POP体　　　　C. 宋体　　　　D. 楷书

4. 以下（　　）种文案不能抓住消费者的兴趣点。

A. 卖点极具新鲜度　　B. 能激发好奇心　　C. 有切身利益点　　D. 卖点罗列

5. 优秀的LOGO设计，除了应具备标志基本功能（　　）外，还应具备艺术性和科学性。

A. 普识性　　　　B. 介绍性　　　　C. 识别性　　　　D. 传播性

6. 淘宝旺铺主图（5张）不能超过3MB，（　　）尺寸以上图片上传后宝贝详情页自动提供放大镜功能。

A. 100px×100px　　　　　　　　B. 210px×210px

C. 400px×400px　　　　　　　　D. 700px×700px

7. 店招的宽度尺寸是（　　）。

A. 1920px　　　B. 1500px　　　C. 950px　　　D. 750px

8. 黄金比是设计中应用较广的一种比例，其矩形比的长与宽为（　　）。

A. 1∶1.550　　B. 1∶1.618　　C. 1∶1.850　　D. 1∶1.350

9. 以下关于详情页中的字体，不正确的是（　　）。

A. 字体在详情页中间会起到对产品的解释说明作用

B. 方便顾客阅读和重要信息引导的作用

C. 在页面上起到从上到下的延续使用

D. 需要使用多种字体和字号，强化页面内容，提高转化率

10. 关于好的产品详情页，以下（　　）选项的说法是不合理的。

A. 详细的产品说明书

B. 方方面面都要完美展示，因此不必考虑页面长度

C. 是一个优秀的销售员

D. 是完美的形象展示

判断题

1. 首页只能设置一个客服区，并且只能放在左侧栏。

2. 标准版旺铺只能使用手工装修，不能在装修市场购买模板。

3. 宝贝主图可以长方形的，也可以是圆角矩形的。

4. 将文字图层转换为普通图层后可以进行修改和编辑。

5. 在宝贝详情页中，为了避免分散买家的注意力，最好不要显示关联销售的产品。

第11章　整店装修案例

教学目标：
1. 掌握店铺注册的方法
2. 掌握店铺基本设置的方法
3. 掌握派娇兰瑜伽运动品牌店铺的设计与制作方法
4. 掌握图像切割优化的方法
5. 掌握图片空间管理的方法
6. 熟悉使用Dreamweaver进行简单代码编辑的方法

11.1 节微课二维码

11.1　注册一家自己的店铺

在正式开店之前，首先要注册一家属于自己的店铺。注册步骤分三步：注册淘宝账号、支付宝实名认证和淘宝开店认证。

第一步：注册淘宝账户
现在淘宝账号的普及率非常高，此处不再赘述如何注册。
第二步：支付宝实名认证。
步骤01：登录淘宝首页，在右侧的卖家中心选择"免费开店"，如图11-1所示。

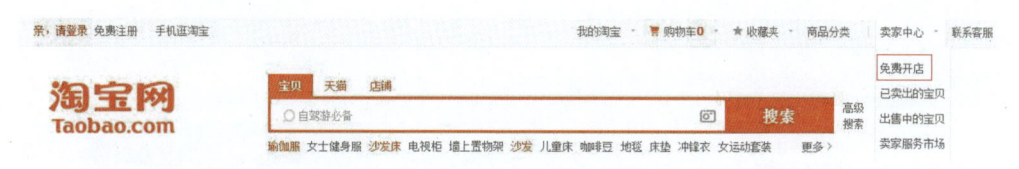

图11-1　淘宝首页免费开店入口

步骤02：使用已注册的淘宝账号登录系统，进入免费开店页面，选择开店的类型：个人店铺或企业店铺，如图11-2所示。

图11-2　店铺类型

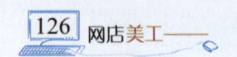

步骤03：在图11-2所示的页面中选择"创建个人店铺"，弹出图11-3所示的"阅读开店须知"页面，在认真阅读开店须知之后，如确认开店，则单击"我已了解，继续开店"按钮。

图11-3 开店须知

步骤04：进入图11-4所示的"申请开店认证"页面，开始支付宝认证。

图11-4 申请开店认证

步骤05：在图11-4所示页面中选择"支付宝实名认证"选项中的"立即认证"操作，弹出图11-5所示的"尚未进行认证"的提示页面。

图11-5　尚未进行认证提示

步骤06：在图11-5所示的页面中单击"立即认证"按钮，进入图11-6所示的支付宝身份校验的页面，按照提示上传身份证的正面和反面图片，或者使用右侧手机扫码的方式完成校验。

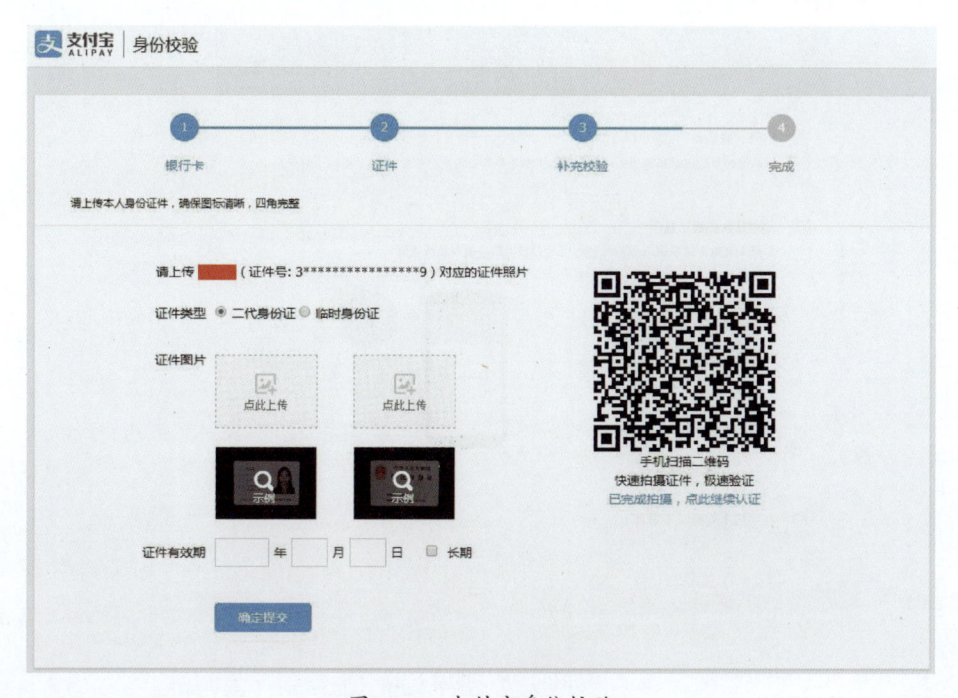

图11-6　支付宝身份校验

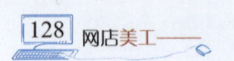

第三步：淘宝开店认证

步骤01：在完成支付宝实名认证后，回到"申请开店认证"页面，如图11-7所示。支付宝实名认证的状态显示为"通过"。

图11-7　申请开店认证

步骤02：在图11-7所示的页中选择"淘宝开店认证"选项中的"立即认证"操作，弹出图11-8所示的"钱盾认证"页面。按照页面的提示在手机上完成扫码安装钱盾和使用钱盾扫描认证。

图11-8　钱盾认证

步骤03：在手机上开始身份认证，如图11-9所示。

步骤04：在图11-9所示的页面中选择"开始认证"，弹出图11-10所示的人脸验证页面。

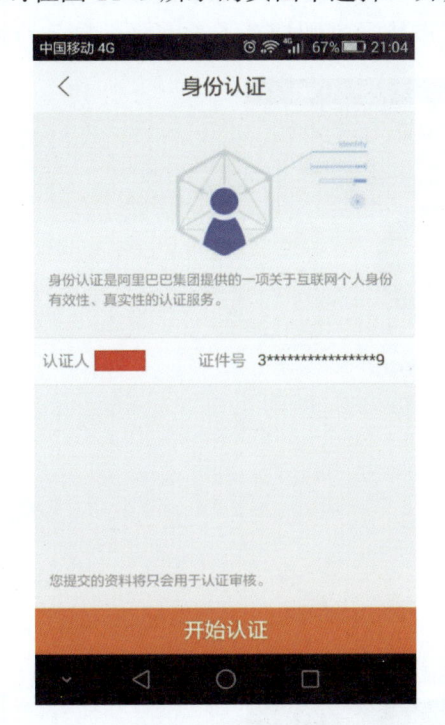

图11-9　身份认证　　　　　图11-10　人脸验证

步骤05：在图11-10所示的页面中单击"准备好了，开始"按钮，按照提示完成人脸照片拍摄，进入图11-11所示的拍摄身份证照片页面。

步骤06：在图11-11所示的页面中单击"立即拍照"按钮，按照提示完成身份证人像面、身份证国徽面的拍摄，进入图11-12所示的填写地址页面。

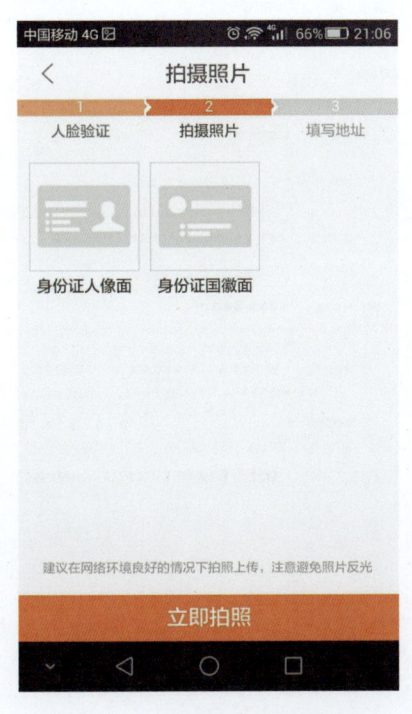

图11-11　拍摄身份证照片　　　　　图11-12　填写地址

步骤07：在图11-12所示的页面中进行详细地址的填写，输入无误后选择"提交"按钮，最后弹出图11-13所示的正在审核中的页面，审核通过即拥有了一家属于自己的店铺。

图11-13　身份认证审核

11.2　节微课二维码

11.2 店铺基本设置

注册好店铺之后，接下来进行店铺基本设置。进入店铺"卖家中心"后台，展开左侧导航栏中的"店铺管理"栏目，单击"店铺基本设置"，弹出图11-14所示的店铺基本设置页面，设置的内容包括：店铺名称、店铺标志、店铺简介、经营简介、经营地址、主要货源、店铺介绍。

1. 店铺名称

店铺名称首先要符合店铺定位，建议与所售商品类目具有一定的相关性。店铺名称要简短，有助于消费者记忆，还可以帮助店铺推广。店铺名称可以修改，但是具有唯一性。

2. 店铺标志

店铺标志是网店形象识别系统的重要

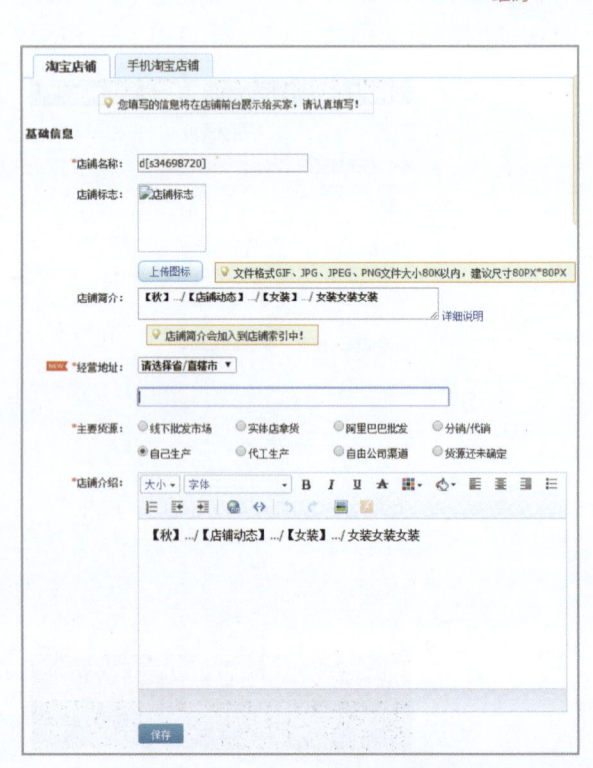

图11-14　淘宝店铺基本设置

组成元素之一，是网店特色和内涵的集中体现。一个好的店标可以让消费者在浏览网店过程中对店铺留下比较深刻的印象。店标不仅是店铺形象标志，更是向大众传播店铺信息的一种捷径。因此，设计一个好的店标对网店来说尤为重要。店铺标志的文件格式支持 GIF、JPG、JPEG、PNG4 种，文件大小要求 80KB 以内，建议尺寸为 80px×80px。

3. 店铺简介

店铺简介会加入到店铺索引中，所以同样要符合店铺定位，并且要合理地包含关键词，要做到简单易懂。假如说买家搜索一个"毛呢外套"的关键词,而你的店铺简介中包含有"毛呢外套"的介绍，那么对应的宝贝就有优先展示的机会。

4. 经营地址

填写自己所在地可以联络到的地址。

5. 主要货源

选择自己经营产品的货源方式。

6. 店铺介绍

店铺介绍一般在手机端的微淘处有展示，电脑端主要作为后台指标。店铺介绍的内容没有限制，主要分为以下几类。

- 开店的原因，店铺来源：比如介绍这个品牌的来源，或者自己创建店铺的原因等。
- 店铺的优势所在：店铺的市场优势，比如相比其他同行店铺你的产品有哪些可以获得竞争力的优势。
- 店铺特色：如果你的店铺比较有自己的特色，比如是定制店铺等，就可以写出自己店铺的特色，用特色情怀打动顾客。

淘宝店铺除了网页版还提供了手机版，如图 11-15 所示。手机淘宝店铺基本设置只要填写客服电话就可以，其他相关信息将同步。

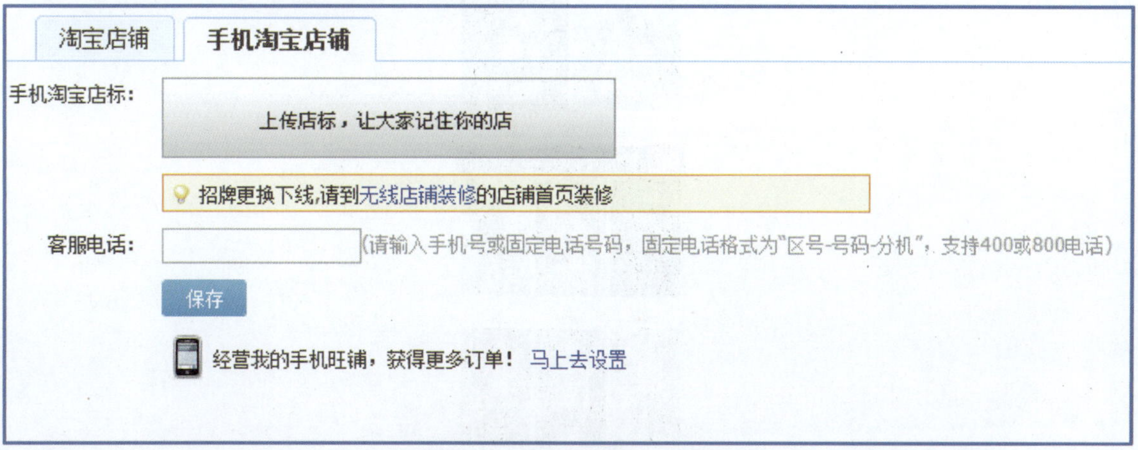

图11-15　手机店铺基本设置

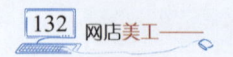

11.3 定位店铺风格、色彩和布局

1. 店铺风格

本案例是为派娇兰瑜伽运动品牌设计的店铺首页，店铺页面通过商品展示传递给顾客爱运动、爱时尚的理念，诠释生命在于运动的内涵，表现出无限的激情和活力。效果如图11-16所示。

图11-16　派娇兰瑜伽运动品牌店铺首页效果图

2. 色彩搭配

本案例主要采用邻近色进行页面的色彩搭配，给人以舒适、和谐的感觉，高纯度的橘红色与其他颜色形成鲜明的纯度对比，突显画面的生机。画面中不同产品之间也存在一定的色相对比，整个画面颜色丰富，但又非常协调。页面色彩搭配情况如图11-17所示。

R229、G223、B223	R239、G59、B39	R211、G164、B126	R113、G102、B85	R0、G0、B0
C12、M13、Y11、K0	C5、M89、Y85、K0	C22、M41、Y51、K0	C62、M59、Y67、K9	C93、M88、Y89、K80

图11-17　派娇兰瑜伽运动品牌店铺色彩搭配

3. 页面布局

在页面布局上，从视觉流程的角度而言，本案例采用了单向型视觉流程版式布局的方式，整个页面非常直观、流畅。从商品展示区来看，广告商品以小海报的形式展示，分类推荐商品展示的数量逐渐递增，打造出一种类似金字塔的布局，产生一种自然的过渡效果，有利于顾客的感官承受，能够给浏览者留下深刻的印象，如图11-18所示。

11.4　案例设计流程

步骤01：设置背景、制作店招和导航条

使用灰白色填充页面背景。在店招区域的左侧添加店铺LOGO、店铺名称、广告语、收藏店铺按钮，在右侧添加3张店铺活动的优惠券。店招的下方为导航条，使用黑色填充背景，然后使用横排文字工具输入文案。效果如图11-19所示。

步骤02：制作首页欢迎模块

欢迎模块采用左图右文的图文编排方式，将同款不同色的两套衣服的模特展示图和图案进行合理拼接构成了画面的背景，拼接过程中使用图层蒙版使得图像过渡自然，然后使用矩形工具绘制黄色矩形，最后使用横排文字工具添加文案。效果如图11-20所示。

步骤03：制作广告商品展示区

和首页欢迎模块类似的原理，第一块广告商品展示区将同款衣服的三幅模特展示图进行画面拼接，拼接过程中使用图层蒙版使得图像过渡自然，然后使用矩形工具绘制橘红色矩形、白色描边，最后以矩形框为背景输入文案。第二块广告商品展示区直接截取照片素材部分内容作为画面主要元素，使用画笔笔刷涂抹出文案背景，最后使用横排文字工具输入文案。效果如图11-21所示。

图11-18　派娇兰瑜伽运动品牌店铺页面布局

步骤04：制作优惠活动区

使用矩形选框工具建立优惠活动模块的选区，使用黑色填充，接着使用矩形工具绘制出

4个矩形框，排列好位置。抠取店铺LOGO并放置到画面中，然后使用直线工具绘制出按钮下方的线条纹理。继续使用矩形工具制作"点击领取"按钮，最后使用横排文字工具输入文案。效果如图11-22所示。

图11-19　设置背景、制作店招和导航条后效果

图11-20　制作欢迎模块后效果

图11-21　制作广告商品展示图后效果

图11-22　制作优惠活动区后效果

步骤 05：制作分类商品展示区

两块分类商品展示区的制作方法类似，先使用矩形工具和横排文字工具制作出标题栏，使用画笔笔刷对标题栏进行修饰。接着使用矩形选框工具建立商品展示区的选区，使用白色填充。将固定宽高比例的产品模特展示素材放入画面，完成"立即抢购"处下方纹理的制作，最后输入文案。效果如图 11-23 所示。

图11-23　制作分类商品展示区后效果

11.5 店招和导航条制作

店招和导航条的最终效果如图11-24所示。

图11-24 店招和导航条效果图

【操作步骤】

第01步：新建文档，设置背景

打开Photoshop软件，按快捷键Ctrl+N新建文档，文件命名为"派娇兰品牌整店设计"。设置宽度1920像素、高度3000像素、72像素/英寸、RGB颜色模式。

设置前景色为RGB（229，223，223），填充背景图层。

在垂直方向485像素、1435像素处分别添加参考线，水平方向120像素处添加参考线，确定店招950像素×120像素的大小空间，在垂直方向1060像素处继续新建参考线，将店招区域以接近于黄金分割的比例进行左右分割。

第02步：制作品牌部分内容

为了方便图层管理，新建图层组"店招"，其中再建立一个图层组"品牌"。

打开"LOGO"素材，使用魔棒工具抠取LOGO并放置到当前文档当中，设置前景色RGB（239，59，39），填充LOGO。图层命名为"LOGO"。

选择工具箱当中的"选框工具"建立拼音名称处的选区，将其剪切到一个单独的图层中，图层命名为"拼音名称"。调整"LOGO"和"拼音名称"图层元素的大小，移动至合适的位置。

选择工具箱当中的横排文字工具，设置字体为方正兰亭中黑、15点、颜色和LOGO颜色一致，在拼音的下方输入店铺名称"派娇兰瑜伽运动品牌店"，调整和上方拼音名称图层的对齐方式为水平居中对齐。设置字体黑体、14点、颜色RGB（44，62，80）、加粗，输入广告语"专注塑造身形气质之美"。

接下来绘制广告语左侧的竖线，选择工具箱当中的"直线工具"，设置填充颜色为RGB（44，62，80）、粗细2像素，绘制直线，命名为"竖线"。栅格化图层，选择橡皮擦工具适当擦除竖线两端部分内容。

选择工具箱当中的"圆角矩形工具"，设置填充颜色为RGB（41，128，185），绘制一适当大小圆角矩形，重命名图层为"圆角矩形"。修改字体大小为13点、颜色RGB（255，255，255），输入文字"收藏店铺"，栅格化文字图层，调整文字图层和圆角矩形图层的对齐方式为水平居中对齐和垂直居中对齐。

第03步：制作优惠活动部分内容

新建图层组"5元优惠券"。

选择工具箱当中的"矩形工具"，设置填充颜色为RGB（52，152，219），虚线描边，虚线大小1点、颜色RGB（44，62，80），绘制一宽度115像素、高度90像素的矩形，重命名图层为"矩形"。选择工具箱当中的"多边形工具"，设置填充颜色RGB（44,62,80），无描边，绘制出一个三角形，重命名图层为"三角形"。再复制出一个相同的图层，调整至合适的位置。

选择工具箱当中的"椭圆工具"，设置填充颜色为RGB（239，59，39），绘制出一适当大小的圆形。

选择工具箱当中的"横排文字工具"输入文字,其中:文字"单笔订单满129元使用"的字体为黑体、颜色RGB(44,62,80)、大小10点、加粗。文字"¥"的字体为微软雅黑、颜色RGB(0,0,0)、大小13点、加粗。文字"5"的字体Impact、颜色RGB(236,239,240)、大小45点、加粗。文字"领"的字体为微软雅黑、颜色RGB(255,255,255)、大小8点、加粗。最后调整5元优惠券组中各元素的位置。

10元和20元优惠券的制作方法与5元优惠券完全相同,因此复制出两个相同的图层组,修改其中的信息,适当调整组中元素位置,即可快速完成10元和20元优惠券的制作,设置三个图层组的分布方式为水平居中分布。

第04步:制作导航条

新建图层组"导航条"。

新建图层,命名为"导航条背景",使用矩形选框工具建立1920像素×30像素的选区,使用黑色填充。使用文字工具,设置字体为微软雅黑、字号14点、白色、加粗,输入导航条中的文字信息。设置文字和导航条背景的对齐方式为垂直居中对齐。

11.6 首页欢迎模块制作

首页欢迎模块的最终效果如图11-25所示。

图11-25　首页欢迎模块效果图

【操作步骤】

第01步:制作背景图像

新建图层组,命名为"首页欢迎模块"。在水平方向950像素处添加参考线。打开素材"套装1玫红款",成比例调整图像大小,设置图像的高度为800像素,全选、复制、粘贴图像至当前文档中,移动图像至合适的位置,重命名图层为"套装1玫红款"。打开素材"套装1灰色款",同样全选、复制、粘贴图像至当前文档中,移动图像至合适的位置,重命名图层为"款式1灰色款",为当前图层添加图层蒙版,设置画笔柔边缘笔尖、黑色,在图层蒙版上涂抹,实现两款衣服图层之间过渡自然。打开素材"图案",将画布高度扩展至800像素,复制图层中的图案,使得图案内容填充满画布,合并图像,全选、复制、粘贴图案至当前文档中，适当地进行自由变换，填充满欢迎模块的右侧部分，重命名图层为"图案"。

第02步：制作文案

选择工具箱当中的"横排文字工具"，设置字体为Mistral、字号250点、颜色RGB（239，59，39）、仿斜体，输入文字"Style"。选择工具箱当中的"矩形工具"，设置颜色RGB（243，152，0），绘制一适当大小的黄色矩形，重命名图层为"黄色矩形"。继续使用"横排文字工具"，设置字体为微软雅黑、字号72点、白色、加粗，输入文字"2016新款耀新上市"。修改字号为36点，输入文字"/百变潮搭/"，最后调整各元素位置。

11.7 广告商品展示区制作

1. 制作第一块广告商品展示区

第一块广告商品展示区的最终效果如图11-26所示。

图11-26 第一块广告商品展示区效果图

【操作步骤】

第01步：新建参考线，确定显示空间

在水平方向960像素处新建参考线，确定广告商品展示区和欢迎模块在垂直方向上留出一定的空余空间。继续在水平方向1595像素处添加参考线，确定第一块广告商品展示区的显示空间。

第02步：制作背景图像

新建图层组"广告商品展示区"，其中再建立一个图层组"广告商品展示区1"。

打开素材"宽松套装款1"、"宽松套装款2"和"宽松套装款3"，成比例调整图像大小，设置图像的高度皆为635像素。分别全选、复制、粘贴3幅图像至第一块广告商品的显示空间，重命名图层的名称为"宽松套装款1"、"宽松套装款2"和"宽松套装款3"。由于宽松套装款1中的模特在显示大小上和其他两幅图存在较大差异，因此，可以进行适当地自由变换，并灵活使用工具箱当中的"矩形选框工具"将多余部分删除。对"宽松套装款2"和"宽松套装款3"图层添加图层蒙版，设置画笔柔边缘笔尖、黑色，在图层蒙版上涂抹，实现三个图层完美融合。

第 03 步：制作文案

选择工具箱当中的"矩形工具"，设置填充颜色为 RGB（239,59,39），设置描边样式：白色、大小 4 点、直线，绘制出适当大小的矩形作为文案背景，重命名图层为"矩形背景"。使用"横排文字工具"，修改字体为微软雅黑、字号 36 点，输入文字"宽松三件套"，设置描边图层样式：大小 1 像素、白色。修改字号为 24 点、加粗，输入文字"舒适/时尚"。修改字号为 18 点，输入文字"￥149.00"。设置字体为 Crimes Times Six、字号 60 点、白色、加粗，输入文字"HOT SALE"。使用直线工具，设置填充颜色 RGB（243，152，0）、粗细 3 像素，在价格文字下方绘制一条适当长度的直线，重命名图层为"直线"。最后调整各元素位置，注意文字之间的间距。

2. 制作第二块广告商品展示区

第二块广告商品展示区的效果如图 11-27 所示。

图 11-27　第二块广告商品展示区效果图

【操作步骤】

第 01 步：新建参考线，确定显示空间

在水平方向 1605 像素处新建参考线，确定第二块广告商品展示区和第一块广告商品展示区在垂直方向上留出一定的空余空间。继续在水平方向 2240 像素处添加参考线，确定第二块广告商品展示区的显示空间。

第 02 步：制作背景图像

在"广告商品展示区"图层组中再建立一个"广告商品展示区 2"图层组。

打开素材"段染套装款"，成比例调整图像大小，设置图像的高度为 635 像素。全选、复制、粘贴图像至第二块广告商品的显示空间，使用"矩形选框工具"将多余部分删除。重命名图层为"段染套装款"。

第 03 步：制作文案

新建图层，重命名为"大笔刷"。设置画笔颜色 RGB（112，19，93），载入"中国风水墨涂抹装饰笔刷"，选择 1927 款笔刷刷出文字背景。使用"横排文字工具"，设置字体为微软雅黑、字号 60 点、白色、加粗，输入文字"段染经典套装"。修改字号为 30 点，输入文字"瑜伽/健身/休闲/多场合",再输入价格文字"￥89.00"。复制"广告商品展示区1"图层组中的"直线"图层,放置在价格文字下方。最后调整各元素位置,注意文字之间的间距。

11.8 优惠活动区制作

优惠活动区的最终效果如图11-28所示。

图11-28 优惠活动区效果图

【操作步骤】

第01步:设置背景

新建图层组,命名为"优惠活动区"。

在水平方向2250像素处添加参考线,确定优惠活动区和广告商品展示区在垂直方向上留出一定的空余空间。继续在水平方向2550像素处添加参考线,确定优惠活动区的显示空间。

新建图层,重命名图层为"黑色背景",使用矩形选框工具建立宽度950像素、高度300像素的选区,填充为黑色。

第02步:制作活动公告

新建图层组,命名为"活动公告"。

选择工具箱当中的"矩形工具",设置填充为无,设置描边样式:颜色RGB(186,34,4)、大小8点、直线,绘制出宽245像素、高240像素的矩形区域,重命名图层为"公告边框"。设置和"黑色背景"图层的对齐方式为垂直居中对齐。使用"横排文字工具",设置字体为黑体、字号18点、白色,输入文字"全场买赠运险费"、"先领券再购物"、"默认韵达快递"、"需发其他快递请联系客服"。修改字体为Britannic Bold、字号36点、颜色RGB(186,34,4),输入文字"COUPON"。打开素材"LOGO",使用魔棒工具抠取其中的LOGO图标,复制、粘贴到当前文档当中,适当地调整大小和位置,重命名图层为"LOGO"。

第03步:制作优惠券

新建图层组,命名为"5元优惠券"。

选择工具箱当中的"矩形工具",设置填充颜色RGB(186,34,4),无描边,绘制出宽195像素、高235像素的矩形区域,重命名图层为"优惠券背景"。复制活动公告中的LOGO图层到当前组中,适当调整其大小,设置与"优惠券背景"图层的对齐方式为水平居中对齐。

选择工具箱当中的"直线工具",设置填充颜色RGB(229,223,223),粗细1像素,绘制出宽195像素的直线,复制出同样的5条直线,设置图层的分布方式为垂直居中分布,合并到一个图层,重命名图层为"线条纹理"。

继续使用"矩形工具",设置填充颜色白色、无描边,绘制出宽55像素、高度和线条纹理区域匹配的矩形区域,设置和"线条纹理"图层的对齐方式为垂直居中对齐和水平居中对齐,重命名图层为"白色矩形"。

使用"横排文字工具",设置字体为Impact、字号72点、白色、加粗,输入文字"5";修改字体为微软雅黑、字号18点、白色,输入文字"单笔订单满129元使用"。修改字号12点、黑色,输入文字"点击领取",调整各元素的位置。

10元和20元优惠券的制作方法和5元优惠券完全相同,因此复制出两个相同的图层组,修改其中的信息,适当调整组中元素位置,即可快速完成10元和20元优惠券的制作,设置三个图层组的分布方式为水平居中分布。

11.9 分类商品展示区制作

1. 运动背心商品展示区制作

运动背心商品展示区效果如图11-29所示。

图11-29 运动背心商品展示区效果图

【操作步骤】

第 01 步：扩展画布

随着图像中模块的增加，画布大小需作对应的调整。修改画布高度至 5500 像素，原图像内容定位于正上方。

第 02 步：制作展示区标题栏

新建图层组"分类商品展示区"，其中建立一个图层组"运动背心商品展示区"，其中再建立图层组"标题栏"。

在水平方向 2560 像素处添加参考线，确定分类商品展示区和优惠活动区在垂直方向上留出一定的空余空间。继续在水平方向 2690 像素处添加参考线，确定标题栏区的显示空间。为了辅助标题栏元素的设计，进一步在水平方向 2570 像素、2680 像素处添加参考线。

新建图层，重命名图层为"黑色背景"，使用"矩形选框工具"建立宽度 950 像素、高度 110 像素的选区，填充为黑色。

新建图层，重命名图层为"红色矩形"，使用"矩形选框工具"建立宽度 130 像素、高度 130 像素的选区，填充为红色。

新建图层，重命名图层为"三角形"，使用"钢笔工具"建立一个三角形的路径，建立选区，填充为红色，再复制出 3 个，分别添加在红色矩形的 4 个角上，增加红色矩形的立体感。

新建图层，重命名图层为"白色边框"，使用"矩形选框工具"建立宽度 110 像素、高度 110 像素的选区，使用白色 2 像素大小进行描边，设置当前图层和"红色矩形"图层的图层对齐方式为水平居中对齐和垂直居中对齐。

新建图层，重命名图层为"笔刷"，设置画笔颜色为白色。选择 2497 款笔刷在标题栏黑色背景的右侧区域涂抹来修饰画面。设置图层不透明度为 30%。为图层添加图层蒙版，设置画笔柔边缘笔尖、黑色，在图层蒙版上涂抹，使得当前图层与黑色背景较好地融合。

使用"横排文字工具"，设置字体为微软雅黑、字号 30 点、白色，输入文字"运动背心"，设置"运动"为加粗。继续输入文字"运动也性感"，设置字符间距为 200。修改字体为 Rage Italic、字号 40 点，输入英文文字"Sports vest series"，调整各元素的位置。

第 03 步：制作运动背心展示区

在水平方向 2700 像素处添加参考线，确定运动背心展示区和标题栏在垂直方向上留出一定的空余空间。继续在水平方向 3964 像素处添加参考线，确定运动背心展示区的显示空间。

新建图层，重命名图层为"白色背景"，使用"矩形选框工具"建立宽度 950 像素、高度 1264 像素的选区，填充为白色。

在垂直方向 505 像素、950 像素、970 像素和 1415 像素处分别添加参考线，在水平方向 3332 像素处添加参考线，确定商品放置的空间。

新建图层组，命名为"背心 1"。打开素材"背心款式 1"，设定"矩形选框工具"固定比例 445:500，在素材中建立合适的选区，复制、粘贴到当前文档中，自由变换图层，变换过程中锁定纵横比，修改高度为 500 像素即可。移动图像至商品展示区，重命名图层为"背心款式 1"。选择"横排文字工具"，设置字体为黑体、字号 24 点、黑色，输入文字"健身无钢圈透气雪花女士运动内衣"和"￥35.00"。按照优惠活动区相同的方法完成制作线条纹理和矩形按钮的制作。修改字号为 18 点、加粗，输入文字"立即抢购"。最后调整各元素位置。

复制出 3 个"背心 1"图层组，分别重命名图层组为"背心 2"、"背心 3"和"背心 4"，移动图层组至合适的位置，最后修改其中的商品图片和文字，快速完成背心运动商品展示区的制作。

2. 运动套装商品展示区制作

运动套装商品展示区效果如图 11-30 所示。

图11-30 运动套装商品展示区效果图

【操作步骤】

第01步：新建参考线，确定显示空间

在水平方向 3974 像素处添加参考线，确定运动套装展示区和标题栏在垂直方向上留出一定的空余空间。

第 02 步：复制"运动背心商品展示区"图层组的内容至水平参考线的下方，修改其中的部分内容

复制"运动背心商品展示区"图层组，移动整个图层组的内容至水平参考线的下方，修改图层组的名称为"运动套装商品展示区"。

修改标题栏文字的内容，将"运动背心"修改为"运动套装"，"运动也性感"修改为"增添运动色彩"，"Sports vest series"修改为"Sports suit series"。

删除"背心1"、"背心2"、"背心3"、"背心4"4个图层组。新建垂直方向795像素、815像素、1105像素、1135像素处的参考线，接着新建水平方向4104像素、4114像素、4746像素、5378像素处建立参考线，确定6个件商品的摆放位置。

新建图层组，命名为"套装1"。打开素材"套装款式1"，设定"矩形选框工具"固定比例为290:500，在素材中建立合适的选区，复制、粘贴到当前文档中。自由变换图层，变换过程中锁定纵横比，修改高度为500像素即可。移动图像至商品展示区，重命名图层为"背心款式1"。选择"横排文字工具"，设置字体为黑体、字号18点、黑色，输入文字"修身显瘦速干瑜伽健身服三件套"和"￥98.00"。复制前面任意一个背心商品组中的线条纹理、矩形和文字"立即抢购"到当前组中，调整线条纹里的宽度为290像素，最后根据需求调整各元素的位置。

复制出5个"套装1"图层组，分别重命名图层组为"套装2"、"套装3"、"套装4"、"套装5"和"套装6"，移动图层组至合适的位置，最后修改其中的商品图片和文字，快速完成套装运动商品展示区的制作。整个店铺的首页设计就大功告成了。

11.10 切割优化图像

11.10节微课二维码

在完成派娇兰品牌的首页设计后，在正式将图片应用到网店之前，建议大家进行图像的切割优化操作，切割图像的优点主要体现为以下几点。

● 加快浏览网店时图片的加载速度。网店页面打开速度受图片大小的影响很大，把一张大图切成多张小图，可以加快图片的显示速度。

● 可以将一张大图分割成多个部分，然后分别做超链接。

● 防止图片被盗用。

切割优化图像可以使用Photoshop中的切片工具。

案例：对派娇兰瑜珈运动品牌首页进行切割优化。

【操作步骤】

第 01 步：将源文件导出为JPG文件

为防止源文件因为误操作被修改，首先将文件导出为JPG格式文件。打开PSD源文件，选择"文件"菜单中的"存储为"命令，在打开的对话框中选择JPG格式导出。

第 02 步：确定JPG文件中切片的参考线

打开JPG文件，由于在页面设计过程中建立了大量用于定位的参考线，如图11-31所示。如果在切片过程中直接选择"基于参考线的切片"，反而会使得图像分割过于复杂，因此需

要删除一些不必要的参考线，删除后页面上的参考线分布情况如图11-32所示。

图11-31　派娇兰瑜伽运动品牌店铺首页切片前参考线

图11-32 派娇兰瑜伽运动品牌店铺首页切片用参考线

第03步：基于参考线切片

选择工具箱中的"切片工具"，在选项栏中单击"基于参考线的切片"按钮，图像自动被切割成33个部分。

第 04 步：编辑切片

切割后的图像可一步进行编辑。首页欢迎模块被切割成了 3 部分，删除第 5、6 部分切片，重新将其合并为完整的区域。由于第 18、21、27、30 部分中分别包含了多件商品，如图 11-33 所示，由于编辑超链接的需要，使用右键快捷命令"划分切片"分别将它们在垂直方向上进行划分，划分后的效果如图 11-34 所示。

图 11-33 划分切片前的分类商品展示区

图11-34 划分切片后的分类商品展示区

第 05 步：存储为 Web 所用格式

选择"文件"菜单中的"存储为 Web 所用格式"命令，存储过程中选择"HTML 和图像"格式进行保存，自动产生一个 HTML 文件和 images 文件夹，images 文件夹中包含了切片产生

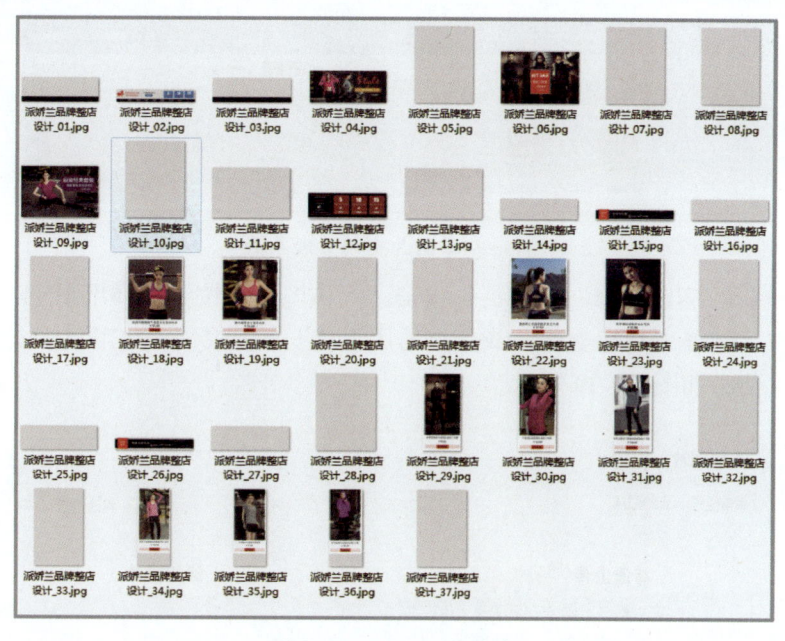

的所有图像，如图 11-35 所示。

图 11-35　images 文件夹

11.11 图片空间管理

前面切片产生的图片保留在本地，而店铺装修过程中必须将图片放置在网络空间，因此图片存储空间对于卖家是必不可少的。

案例：派娇兰瑜伽运动品牌店铺图片空间管理。

【操作步骤】

第 01 步：打开淘宝网卖家中心后台，展开左侧导航栏中的"店铺管理"栏目，找到"图片空间"，如图 11-36 所示。

图 11-36　淘宝网卖家中心

11.11 节微课二维码

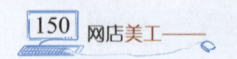

第02步：单击图11-36中的"图片空间"项，弹出如图11-37所示的图片空间管理界面。

图11-37　图片空间管理界面

第03步：选择"店铺装修"文件夹，单击"上传图片"按钮，弹出图11-38所示的"上传图片"对话框。选择"高速上传"或者"通用上传"的上传方式，再选择前面切割完成的图片即可完成上传，如图11-39所示。

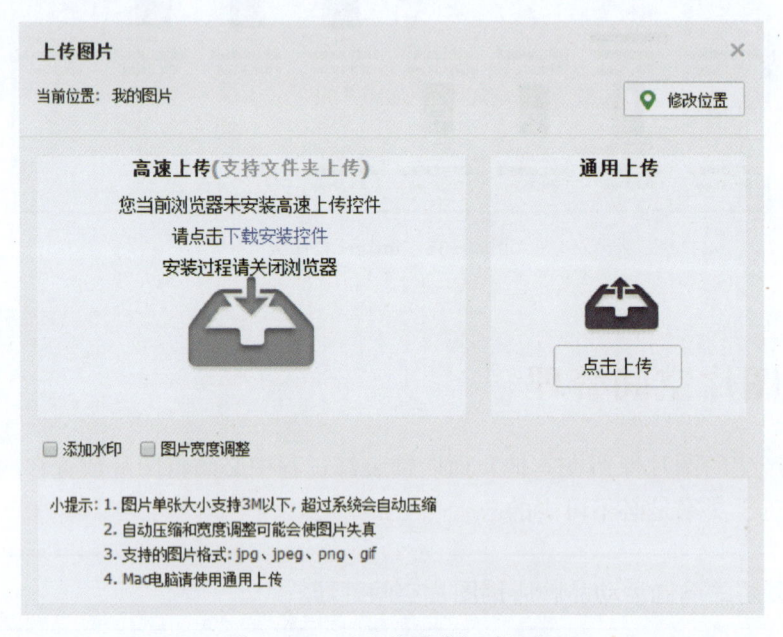

图11-38　"上传图片"对话框

图11-39　上传图片后的图片空间

说明：
1. 灰色背景切割产生的图片无须上传。

2.如果店铺装修过程中图片数量较大,可在图片空间中根据实际情况建立文件夹分类管理图片。

11.12 Dreamweaver助力旺铺完成装修

11.12 节微课二维码

案例:完成派娇兰瑜伽运动品牌店铺装修。

【操作步骤】

第01步:进入店铺装修页面

打开淘宝卖家中心后台,展开左侧导航栏中的"店铺管理"栏目,找到"店铺装修",如图11-40所示。单击进入店铺装修页面,如图11-41所示。

图11-40 淘宝网卖家中心

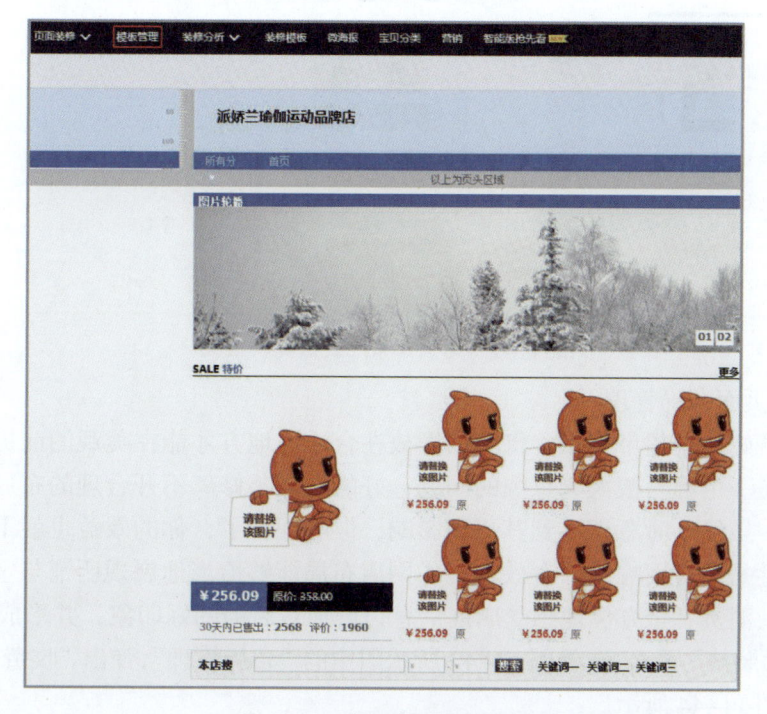

图11-41 店铺装修初始页面

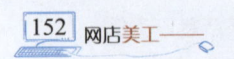

第02步：店铺模板选择

在图11-41所示的页面中选择"模板管理"，进入店铺模板的选择。淘宝旺铺中提供了3个免费模板供卖家选择使用，如图11-42所示。我们以选择第3种"收费店铺官方模板"为例进行介绍。

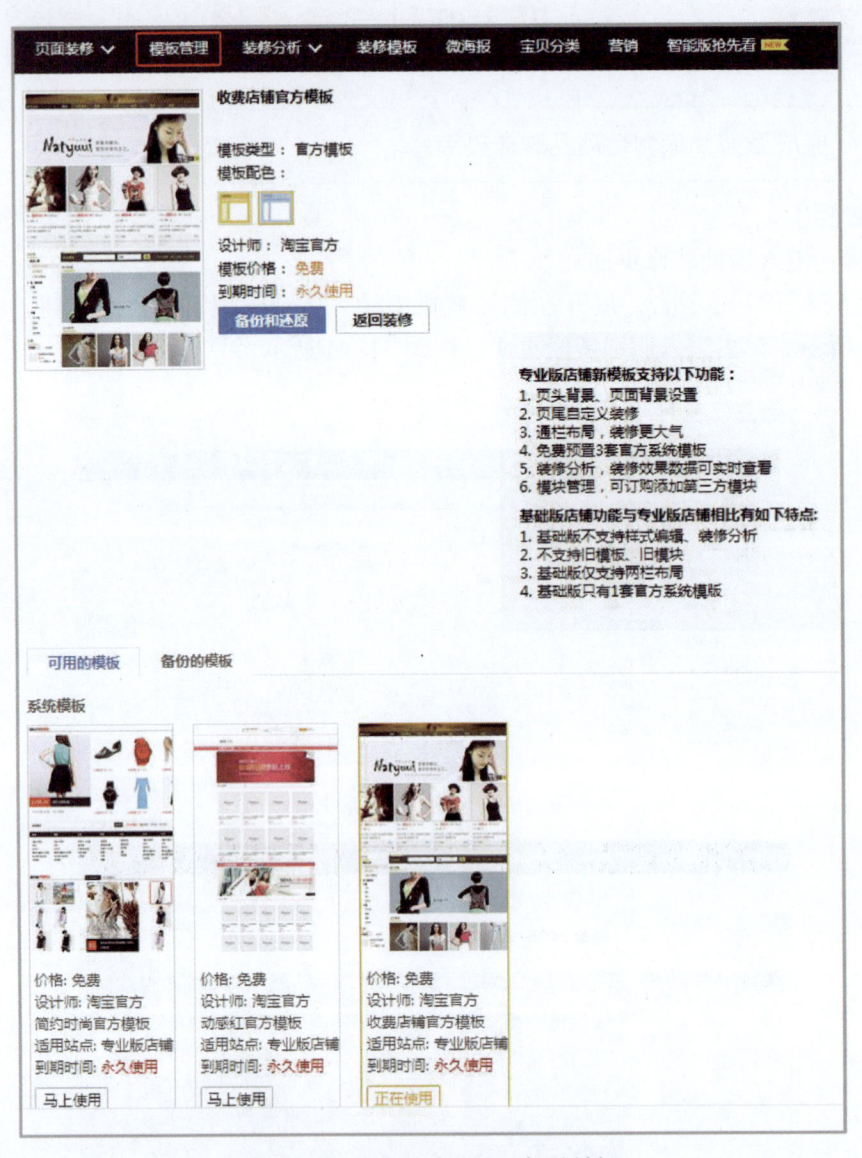

图11-42　淘宝网系统默认提供模板

第03步：页面布局管理

网店布局就好比是超市货架，将商品摆放在合适的地方才能在美观的前提下带来更多收益。网店布局是一个容易被大家忽视的问题，好的网店装修离不开合理的布局。如果你的网店布局不合理，虽然一时意识不到其不利影响，但时间长了，你的效益也就下来了，因此网店布局的重要性是不言而喻的。有效合理的网店布局能够恰当地展现店铺与宝贝的特性、风格与理念，帮助消费者全方位地感受店铺信息，增加对店铺的好印象，并形成潜在利润。

返回"页面装修"页面，选择图11-43所示图中的"布局管理"，弹出"收费店铺官方模板"对应的布局如图11-44所示。

图11-43　店铺装修页面顶部功能导航

图11-44　默认店铺布局

其中的某些模块是固定的，如导航，而大多数模块则可以进行编辑操作，根据派娇兰瑜伽运动品牌店铺首页设计的实际需要，我们将页面布局设计成如图11-45所示的效果。

图11-45　设计的店铺布局

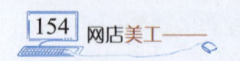

第04步：店招和导航装修

返回"页面装修"页面，先进行店招和导航装修。

在页面左侧导航栏中进行"页头"设置，"页头下边距10像素"项选择"关闭"，页头背景图设置为如图11-46所示的切片过程中产生的导航背景图片，"背景显示方式"设置为"横向平铺"，"背景对齐"设置为"居中"。

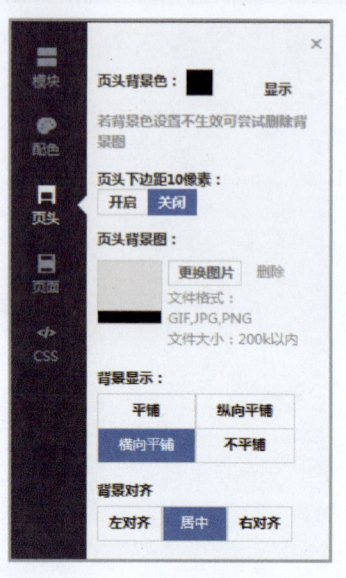

图11-46 "页头设置"对话框

单击页面中图11-47所示店招区域右上角的"编辑"按钮，进入"店招招牌"编辑对话框，设置"招牌类型"为"自定义招牌"，"自定义内容"为"源码"，"高度"设置为150px，如图11-48所示。

图11-47 "店招"区域

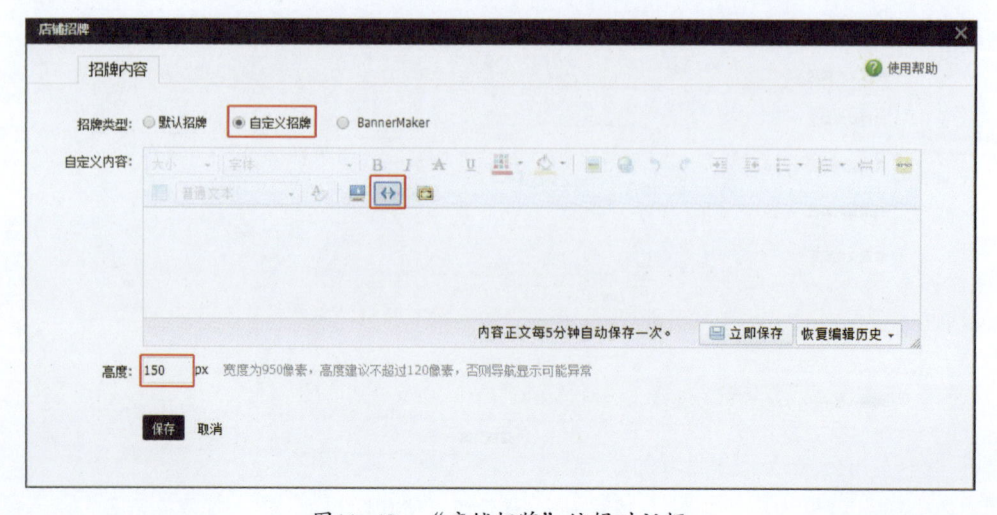

图11-48 "店铺招牌"编辑对话框

使用 Dreamweaver 软件打开前面切片过程中产生的 HTML 文件，在"拆分"视图下找到导航条对应的 HTML 代码，如图 11-49 所示，将对应的代码拷贝到图 11-48 所示的自定义内容代码框中。

图11-49　Dreamweaver软件中"店铺招牌"代码

打开淘宝卖家中心后台的"图片空间"，在店招对应的图片上单击"复制链接"按钮，如图 11-50 所示，获取图片空间图片的地址，替换"店招招牌"中本地图片的地址，店铺招牌自定义内容区的代码如图 11-51 所示。

图11-50　"店招"图片编辑对话框

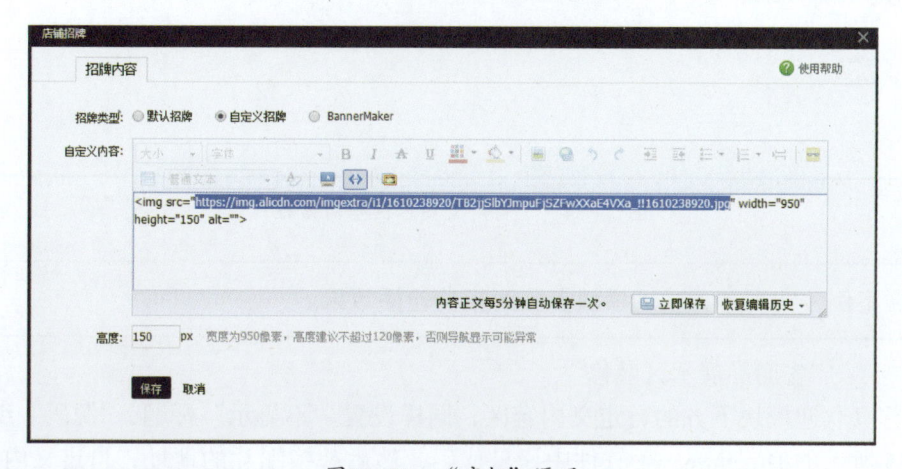

图11-51　"店招"源码

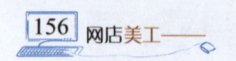

第 05 步：首页欢迎模块装修

接着在图 11-52 所示的自定义区域进行首页欢迎模块的装修。在装修页面主体部分之前先进行页面背景的设置，在页面左侧导航栏中进行"页面"设置，页面背景色设置为 RGB（229，223，223），如图 11-53 所示。

图 11-52　自定义内容区

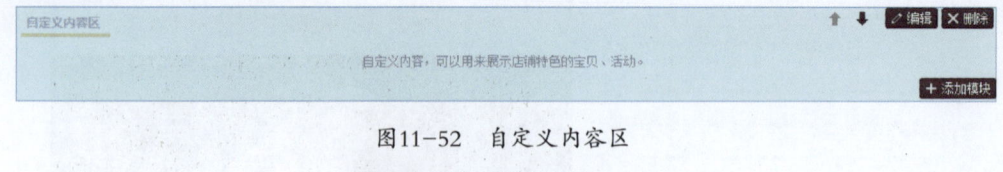

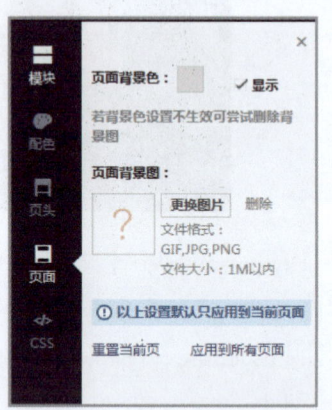

图 11-53　"页面设置"对话框

单击自定义内容区右上角的编辑按钮，进入如图 11-54 所示的"自定义内容区"对话框，设置"不显示"标题，"源码"编辑模式。首页欢迎模块目前流行的趋势是以全屏海报的形式进行展示，因此需自行编写代码，同时设置图片地址为图片空间获取的地址。

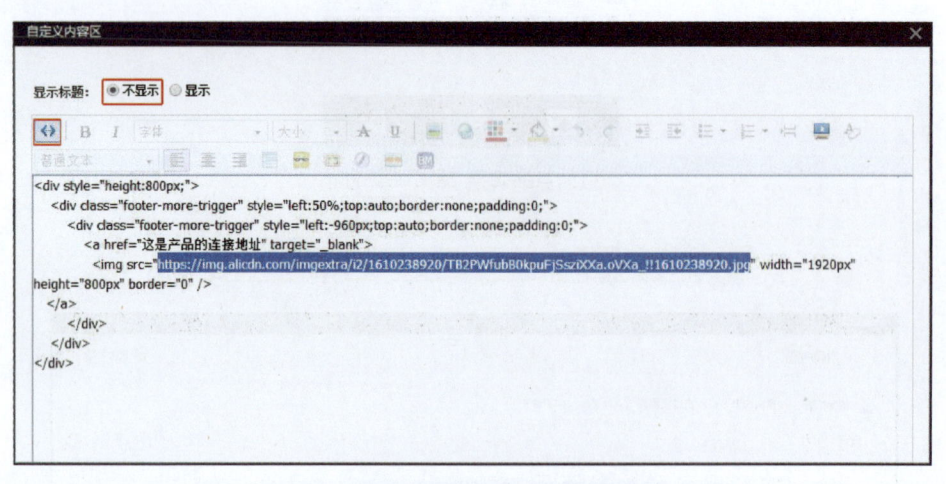

图 11-54　"自定义内容区"对话框1

> 拓展案例：实现首页欢迎模块多张海报的轮播效果。

第 06 步：广告商品展示区装修

打开首页欢迎模块下方的自定义内容区，同样设置"不显示"标题，"源码"编辑模式，从图 11-55 所示的 Dreamweaver 软件中拷贝代码，然后替换图片的地址，自定义内容区设置情况如图 11-56 所示。

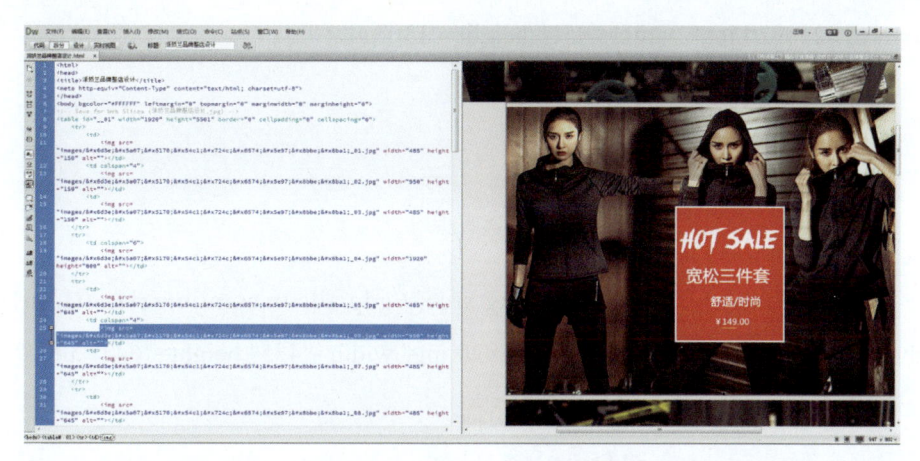

图11-55　Dreamweaver软件中"广告商品展示区"代码

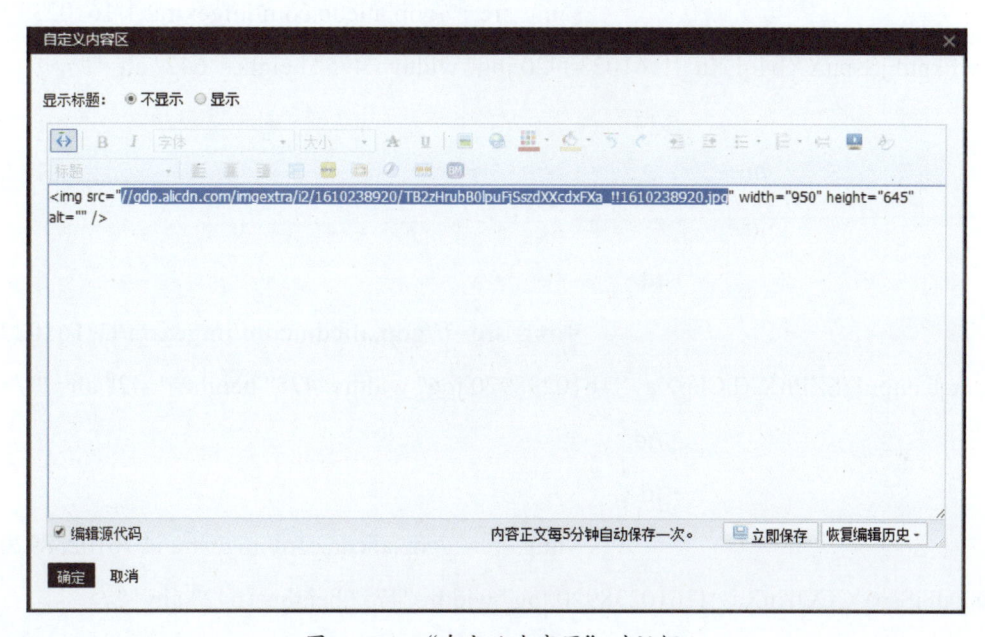

图11-56　"自定义内容区"对话框2

同样的方法完成第 2 块广告商品展示图的装修。

第 07 步：优惠活动区装修

优惠活动区装修方法和广告商品展示区相同，此处不再赘述。

第 08 步：运动背心商品展示区装修

运动背心商品展示区装修方法和前面模块稍有不同，为方便对不同商品设置不同的超链接，我们在切片时已经将此模块的图片切割为 5 部分（1 个标题栏和 4 个商品），此部分需要利用表格进行布局。自定义内容区编写的源码如下：

<table>

　　<tbody>

　　　　<tr>

　　　　　　<td colspan="2">

```
            <img src="//gdp.alicdn.com/imgextra/i1/1610238920/TB2soHrbxdkpuFjy0FbXXaNnpXa_!!1610238920.jpg" width="950" height="130" alt="" />
          </td>
        </tr>
        <tr>
          <td>
            <img src="//gdp.alicdn.com/imgextra/i1/1610238920/TB2cHTzbrXlpuFjy1zbXXb_qpXa_!!1610238920.jpg" width="475" height="642" alt="" />
          </td>
          <td>
            <img src="//gdp.alicdn.com/imgextra/i1/1610238920/TB2od2zbwFkpuFjSspnXXb4qFXa_!!1610238920.jpg" width="475" height="642" alt="" />
          </td>
        </tr>
        <tr>
          <td>
            <img src="//gdp.alicdn.com/imgextra/i1/1610238920/TB2QQmqb.dnpuFjSZPhXXbChpXa_!!1610238920.jpg" width="475" height="642" alt="" />
          </td>
          <td>
            <img src="//gdp.alicdn.com/imgextra/i4/1610238920/TB24pnBbB8lpuFjSspaXXXJKpXa_!!1610238920.jpg" width="475" height="642" alt="" />
          </td>
        </tr>
      </tbody>
    </table>
```

第 09 步：运动套装商品展示区装修

运动套装商品展示区和运动背心商品展示区的装修原理相同，但商品的数量和大小发生了变化。自定义内容区编写的源码如下：

```
<table>
  <tbody>
    <tr>
      <td colspan="3">
```

```html
                        <img src="//gdp.alicdn.com/imgextra/i2/1610238920/TB205Oob4BmpuFjSZFsXXcXpFXa_!!1610238920.jpg" width="950" height="130" alt="" />
                    </td>
                </tr>
                <tr>
                    <td>
                        <img src="//gdp.alicdn.com/imgextra/i1/1610238920/TB2hB5nbZtnpuFjSZFKXXalFFXa_!!1610238920.jpg" width="317" height="632" alt="" />
                    </td>
                    <td>
                        <img src="//gdp.alicdn.com/imgextra/i4/1610238920/TB2IFavb98mpuFjSZFMXXaxpVXa_!!1610238920.jpg" width="316" height="632" alt="" />
                    </td>
                    <td>
                        <img src="//gdp.alicdn.com/imgextra/i3/1610238920/TB2wR5nbZtnpuFjSZFKXXalFFXa_!!1610238920.jpg" width="316" height="632" alt="" />
                    </td>
                </tr>
                <tr>
                    <td>
                        <img src="//gdp.alicdn.com/imgextra/i1/1610238920/TB2Xoqqb5lnpuFjSZFgXXbi7FXa_!!1610238920.jpg" width="317" height="754" alt="" />
                    </td>
                    <td>
                        <img src="//gdp.alicdn.com/imgextra/i4/1610238920/TB2LOSob4BmpuFjSZFsXXcXpFXa_!!1610238920.jpg" width="317" height="754" alt="" />
                    </td>
                    <td>
                        <img src="//gdp.alicdn.com/imgextra/i1/1610238920/TB2pBWsb5pnpuFjSZFkXXc4ZpXa_!!1610238920.jpg" width="317" height="754" alt="" />
                    </td>
                </tr>
```

</tbody>

</table>

说明：

（1）<table>标记表示表格开始，</table>标记表示表格结束。

（2）<tbody>标记表示表格主体开始，</tbody>标记表示表格主体结束。

（3）<tr>标记表示表格中行的开始，</tr>标记表示表格中行的结束。

（4）<td>标记表示单元格的开始，</td>标记表示单元格的结束，<td>和</td>之间是单元格的内容。

（5）在一个表格中，<tr>的个数代表表格中的行数，每对<tr></tr>之间的<td>个数代表该行中单元格个数。

本章小结

本章以派娇兰瑜伽运动品牌为例，系统地介绍了如何进行整店装修，包括：如何注册店铺、店铺基本设置、店铺定位、页面各模块的设计、切割优化图片、图片空间管理和借助Dreamewaver完成旺铺的装修，从而打造出一家专业化的网上店铺。

本章习题

实践题

请登录淘宝平台，实名注册一家店铺，完成本章案例的实践；为首页欢迎模块进一步设计两幅海报，实现全屏轮播功能；选择首页某款产品设计详情页，完成宝贝的发布工作。

第12章 综合实训

12.1 实训目的

开设一家网上商店,要求在国内知名的免费电商平台(如淘宝网)上完成用户注册、身份认证等工作,选择合适的销售商品货源,准备好相关图片和文案资料,进行店铺装修、宝贝发布等。

12.2 实训选题

选题范围:女装/男装/运动/户外/珠宝/童装玩具/数码等类目。
说明:请在选题类目中自创一个品牌进行网店装修设计。

12.3 内容要求

1. 总体设计

在确立选题的基础上进行店铺装修风格的定位,确定店铺页面的布局、配色方案。要求整店风格统一,布局、配色合理。设计在符合产品类目特点的同时,要充分体现设计者的创意。

2. 首页设计

说明:在操作过程中规范命名图层。

(1)准备:新建一个1920像素×2500像素大小、72像素/英寸、RGB模式的文档,文档高度可在操作过程中灵活增减。背景设置大气,背景可以自己设计,也可使用背景颜色、背景图片。

(2)950店招设计:建立"店招"图层组,进行店招的设计。店招的尺寸为950px×120px。店招必备元素包括店铺名称、店铺收藏、1条广告语,其他元素根据需求自行添加。

(3)950导航栏设计:建立"导航栏"图层组,进行导航栏设计。导航区域的尺寸为950px×30px。导航区域分类至少5项,栏目分类要清晰。

(4)全屏轮播海报设计:建立"全屏轮播海报"组,进行轮播海报的设计。海报至少3幅,宽度1920px,高度自定义,海报主题必须明确。

（5）商品展示区设计：建立"商品展示区"组，进行商品展示的设计。商品展示区宽度可以选择950px或者750px，高度自定义。商品宝贝展示区中展示商品的数量根据实际需求设置。

（6）宝贝分类区设计：建立"宝贝分类区"组，完成宝贝分类的设计。分类区如在首页左侧，宽度190px，高度自定义；分类区如在首页中间，宽度950px，高度自定义。类目清晰，设计简洁、大方。

3. 详情页设计

（1）选择首页商品宝贝展示区中的至少一件商品进行宝贝详情页的设计；文档宽度750px×1500px、72像素/英寸、RGB模式的文档，文档高度可在操作过程中灵活增减。

（2）设计商品详情的构成框架，进行商品详情页面的设计，注重体现商品卖点，实现提高店铺转化率。

4. 旺铺实战

（1）完成旺铺的实名认证注册，进行店铺基本的设置，切割优化图片并上传到图片空间。

（2）完成店铺首页和宝贝详情页的装修。

参考文献

[1] 创锐设计. 淘宝天猫网店设计 [M]. 北京：人民邮电出版社，2016.

[2] 麓山文化. 淘宝新手店铺装修一本通 [M]. 北京：机械工业出版社，2014.

[3] 葛存山. 淘宝店铺设计装修一册通 [M]. 北京：人民邮电出版社，2014.

[4] 淘宝大学. 网站美工实操 [M]. 北京：电子工业出版社，2013.

[5] 孙东海. 淘宝网店页面设计、布局、配色、装修一本通 [M]. 北京：电子工业出版社，2014.